李飚 著

互联网
对劳动力市场的影响

RESEARCH ON THE IMPACT OF
THE INTERNET ON THE LABOR MARKET

社会科学文献出版社
SOCIAL SCIENCES ACADEMIC PRESS (CHINA)

目 录

第1章 导论 ··· 1
　1.1　研究背景与意义 ·································· 1
　1.2　本书总体设计 ····································· 11
　1.3　研究方法及数据说明 ···························· 15

第2章 文献综述 ·· 18
　2.1　互联网的测量指标 ······························· 18
　2.2　互联网规模、经济增长与就业 ················ 21
　2.3　互联网使用、工资与收入差距 ················ 25
　2.4　互联网使用与生育率 ···························· 29
　2.5　研究述评 ··· 30

第3章 互联网与劳动力市场两极分化 ················ 33
　3.1　引言 ··· 33
　3.2　原因分析 ··· 37
　3.3　网络就业市场与工作方式重塑 ················ 56
　3.4　互联网时代女性创业与就业 ··················· 80

3.5 小结 …… 93

第4章 互联网规模与劳动收入 …… 96
4.1 引言 …… 96
4.2 计量模型与数据说明 …… 98
4.3 实证分析 …… 104
4.4 小结 …… 111

第5章 互联网使用与劳动收入 …… 114
5.1 引言 …… 114
5.2 研究假设 …… 115
5.3 模型设定和数据说明 …… 116
5.4 实证分析 …… 120
5.5 影响机制分析 …… 128
5.6 小结 …… 131

第6章 互联网使用与创业收入 …… 133
6.1 引言 …… 133
6.2 模型设定与数据说明 …… 135
6.3 实证分析 …… 146
6.4 小结 …… 158

第7章 互联网使用与生育率 …… 160
7.1 引言 …… 160

7.2 模型设定与实证分析 …………………………… 163
7.3 省域层面分析 …………………………………… 177
7.4 影响机制分析 …………………………………… 180
7.5 小结 ……………………………………………… 184

第8章 研究结论及政策建议 ………………………… 186
8.1 研究结论 ………………………………………… 186
8.2 政策建议 ………………………………………… 188
8.3 研究不足与展望 ………………………………… 193

参考文献 ……………………………………………… 198

后 记 ………………………………………………… 211

第1章 导论

1.1 研究背景与意义

1.1.1 研究背景

首先，2018年我国的国内生产总值（Gross Domestic Product, GDP）增长率下降至6.6%，增速已经不及2007年的一半，中国经济出现了"增速换档"，从高速增长转入中高速增长。尤其是自2013年以来，中国经济进入新一轮下行周期。目前关于我国经济走势的"U型"和"L型"判断还存在争论，但基本共识是，我国未来的一段时期内经济增速放缓的格局不会改变。我国经济发展已进入新常态，发展方式加速转型，新行业快速发展，新业态渐成规模，劳动关系更加复杂。在经济下行的背景下，无论是出于经济结构转型还是社会稳定的需求，发达国家和发展中国家都会选择"保就业"作为提升经济动力的核心宏观战略，并辅之以财政政策、货币政策和贸易政策等。2008年经济危机后，中国政府通过一系列政策文件把"就业"上升到国家战略层面。根据国际劳工组织2016年的《全球工资报告》，中国为全球实际

2 互联网对劳动力市场的影响

工资的增长提供了强大动力,在 2015 年为全球实际工资增长提供了 0.8 个增长点,减缓了增长率的衰减趋势。

其次,"互联网+"背景下的新经济迅速发展。根据刘树成、李实(2000)的研究,1997 年美国社会对于新经济的认知偏向技术层面,主要是指一系列新的技术革命。"新经济"的概念最早是由美国著名杂志《商业周刊》于 1996 年 12 月 30 日的文章中提出,是指基于商业的全球化和信息技术革命的经济形态。根据美国商务部 2002 年的定义,"新经济"是指信息技术投资驱动更高经济增长率、信息技术变革带动更高生产率的经济形态。刘树成、李实(2000)把"新经济"解释为"由新技术革命所推动的经济发展与增长"。我国政府对"新经济"一词的使用,首见于 2016 年《政府工作报告》,报告指出,"要推动新技术、新产业、新业态加快成长,以体制机制创新促进分享经济发展,建设共享平台,做大高技术产业、现代服务业等新兴产业集群,打造动力强劲的新引擎"[①]。虽然政府部门和学者对于"新经济"概念理解莫衷一是,但是概括来讲,新经济一定是由信息通信技术(ICT)所驱动,并以"知识经济"作为重要支撑的经济形态,又可称为"网络经济""数字经济"等,具体表现为以人工智能和工业大数据等为技术依托,以个人才智和创新能力为核心的经济增长形式。

随着信息技术的发展,各国之间的经济差距越来越大。中国在前三次工业革命中,都处于"追赶者"的地位。美国提出信息

---

① 《2016 年政府工作报告》, http://news.xinhuanet.com/fortune/2016-03/05/c_128775704.htm,2016-03-05。

高速公路是为帮助美国快速度过经济衰退周期，但是这种趋势在当时的中国及其他发达国家都没有出现。因此，2000 年，对于互联网的作用，中国官方和学术界的认识更多停留在基础设施建设层面。但是，随着第四次工业革命和互联网革命的来临，中国第一次有机会跟其他大国站在同一起跑线上。目前，中国已经拥有全球第一大互联网市场。据统计，中国的互联网绝对量全球第一，截至 2018 年 12 月，中国网民规模达到 8.29 亿人，互联网普及率达到 59.6%，较 2017 年年底提升 3.8 个百分点。中国互联网的相对数量发展速度也非常快。[1] 从 2005 年到 2018 年，中国互联网的普及率年均增长 4.14 个百分点。中国互联网的发展不仅给中国带来了新的经济增长点和产业格局的变化，也给中国带来新经济时代的"领跑者"机遇。创新的一个基本特点就是不可预见性，它是由一系列不确定的要素构成的，具有显著的风险性和不确定性。随着技术进步的深化，人类的风险系数和无知程度在加深，与我们生活息息相关的社会服务、生活娱乐、金融业务、公共医疗卫生、教育、交通运输等方面都得到充分改善。为求更大经济回报，几乎所有企业都会更有效地利用互联网技术来调整自己的步伐（Kretschmer，2012）。

互联网从 1994 年进入商用市场以来，一直是信息工程、软件工程等学科的主要研究内容，研究主要集中于互联网技术革新、互联网通信介质完善、互联网安全等主题。1999 年后，随着越来越多的年轻人在"第三次浪潮"中脱颖而出，美国的经济学家和中国的经济学家基本上同时看到了互联网对经济发展的贡

---

[1] 中国网络空间研究院：《中国互联网发展报告 2018》（未正式出版），2018。

4 互联网对劳动力市场的影响

献。人类的互联网技术在近几年得到了突飞猛进的发展，人们对于互联网的态度也逐渐从初期浪漫主义的幻想，向理性务实的认识上转变。随着互联网发展的持续深入以及过度自由带来的社会矛盾的日益激化，越来越多的人认识到，有序的、安全的、繁荣的互联网模式，才是人类真正的出路。麦肯锡全球研究院的《中国的数字化转型：互联网对生产力与增长的影响》报告提出了 iGDP 的概念，即互联网经济占 GDP 的比重。从表 1-1 及图 1-1 可见，从 2010 年到 2013 年，中国的互联网经济占比从 3.3% 增长到 4.4%，已经超越美国、法国、德国等发达国家，达到全球领先水平。虽然信息通信技术（Information and Communications Technology，ICT）部门对于经济增长的贡献有限，但是这些部门对于经济发展的贡献率仍在增长。2011 年 ICT 部门占经济合作发展组织（Organization for Economic Cooperation and Development，OECD）国家平均经济总量的比重仅为 6%，难以对国家经济产生结构性影响。从资本占比的角度看，发达国家和发展中国家的 ICT 资本的占比都远低于其他要素占比。从 1995 年到 2014 年，ICT 资本对经济增长的平均贡献率不足 1%，但是发展中国家的 ICT 资本贡献率远高于发达国家。未来，ICT 部门对于经济的贡献将进一步增长。根据财新智库和成都数联铭品科技有限公司（BBD）的计算，2016 年新经济指数（New Economy Index，NEI）为 30.8，即新经济在整个经济中所占的比重为 30.8%[1]，并将在一定时期内持续增长。

---

[1] 《我们为什么需要新经济指数》，http://www.gov.cn/shuju/2016-08/05/content_5097804.htm，2016-08-05。

表1-1 各国iGDP占国民经济比重

单位：%

年份	英国	韩国	日本	瑞典	中国	美国	法国	德国	印度	巴西
2010	6.0	5.5	4.8	5.5	3.3	3.8	3.6	3.2	1.6	1.4
2013	6.7	5.9	5.6	5.0	4.4	4.3	4.2	3.7	2.1	1.7

资料来源：麦肯锡全球研究院：《中国的数字化转型：互联网对生产力与增长的影响》（未正式出版），2013。

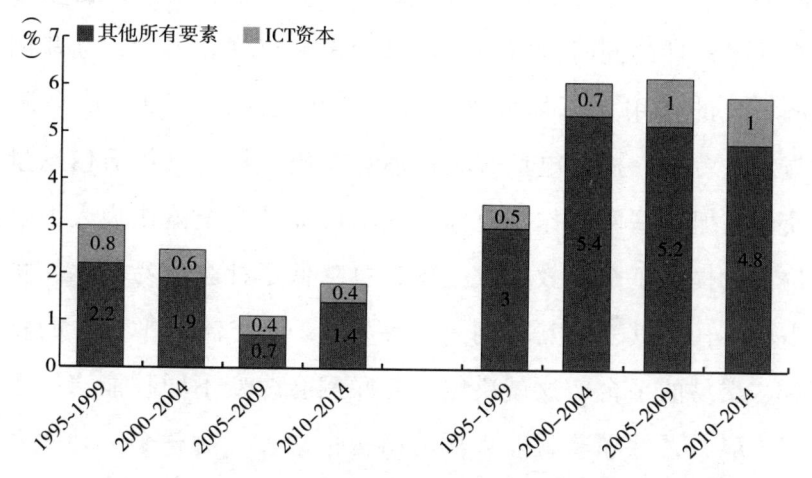

图1-1 发达国家与发展中国家ICT资本对于GDP增长的贡献

资料来源：世界银行：《数字红利》（未正式出版），2016。

再次，互联网已经成为第四次工业革命的核心要素之一。随着一代代互联网技术的革新，互联网的角色发生了重大变化。施瓦布（2016）明确指出，当前的第四次工业革命是基于数字革命发展起来的，而无所不在的互联网正是第三次工业革命和第四次工业革命的交汇点和核心产品之一。互联网已经成为经济"潮涌现象"的泉眼，也是国家级的产业战略选择（林毅夫，2007）。各国争先发展互联网网络铺设和互联网产品开发，2017年全球的固定宽带用户数已经超过8亿，移动宽带用户已经超过35亿。

中美两国的互联网用户人数合计超过9亿，占全球比例超过30%。必须要指出的是，即便是在互联网更新换代的进程中，互联网的传统角色也没有马上退出历史舞台，更多的是在交叉发展中缓慢消逝的。其一，互联网是新型"载体"，从图1-2可见，互联网不同于电话、电报等传统技术进步，它对不同部门间、行业间的整合作用更加突出，所承载的社会要素也更加广泛，在增强产品丰富性的同时没有损害产品的影响范围。因此，互联网对经济增长的作用也更加显著。其二，互联网是一种"信息源"，它与烽火台、广播、电话等其他消息介质一样，以传播信息量作为使命，但互联网的作用更大。它不仅提升了个体作为人力资本的价值，提高了个体教育收益率，也降低了社会交易成本，扩大了市场半径。其三，互联网是"平台"，即交流的平台、购物的平台、交易的平台，这就决定了互联网会改变不同技能水平个体的议价能力，并随着就业人群的结构性调整，对整个劳动关系产生颠覆性变革。

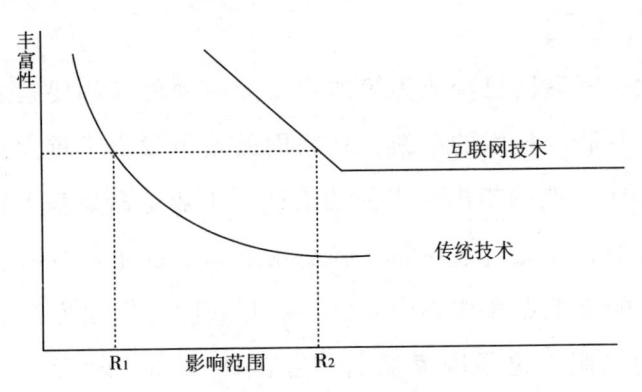

图1-2 丰富性和影响范围间替代关系的变化

资料来源：Evans and Wurster, 2000。

互联网技术在很长一段时间内，在研究者眼中仅是一项普通的技术进步。然而，随着"互联网时代"等概念的提出，越来越多的研究者开始认识到互联网对于社会的深刻重塑作用。2014年"互联网+"的概念提出后，大量的学者、评论人和互联网专家开始对互联网的作用进行深入讨论，研究主要从"互联网+金融""互联网+教育"等资源要素整合的角度展开。然而，限于数据统计和理论基础的不足，学者关于互联网与劳动关系、社会文化等方面的研究相对较少。本书从人力资本视角出发，深入探讨互联网对于劳动力市场的影响及机制。

最后，劳动力市场的变革促进新就业的发展。一方面，中国劳动力人口的供给与技能将发生重大变化。中国劳动力人口从2016年开始负增长，而且下降速度较快，或将超过日本。劳动力人口结构最明显的变化是，更多农村人口进入城镇成为新的劳动力，更多的大学生成为劳动力市场主力军。到2030年约27%的劳动力人口将拥有大学学历，届时中国将拥有世界规模最大的高技能劳动力。另一方面，与传统就业相对应的新就业格局将逐渐形成。Freeman（2002）指出，随着信息通信技术，尤其是互联网的发展，新经济将对劳动力市场产生重大影响。刘树成、李实（2000）指出，新经济对就业的影响主要是来自产业结构的升级，加速了第三产业的发展。第三产业比重的上升，增强了经济结构的稳定性，第三产业的比重上升时，经济结构自身就增强了稳定性，减少了经济动荡和"微波化"。《国务院印发"十三五"促进就业规划》中，多次提到"新就业"的概念。随着互联网成为国家级基础设施建设，"互联网+"理念的提出则把互联网与市场经济结合得更加紧密。从 2005 年到 2015 年，第三产业累计创造 5434 个就业岗位。互联网作为技术进步的典型，已经超脱传统技术对生产率的影响，俨然成为独立的技术载体，正在以一种自发的、全新的、无序的非传统路径全面影响着人力资本和劳动力市场。互联网通过提高经济活动和促进 GDP 发展来带动岗位需求。经济的发展带动企业的发展和资金的流动，进而创造新的岗位。同时，大量岗位变得无人化、无薪化，大量传统行业（尤其是与信息产业密切结合的行业）急剧萎缩。比如，20 世纪中期电话接线员的人数基数庞大，随着网上业务的完善，大量电话接线员的岗位被"网络秘书"代替。因此，有学者提出"劳动合成谬误"（lump of labour fallacy）理论，认为科技是改变人力资本配置的重要力量，把一些传统工作在机器和技能人群之间进行重新配置，并激发人类创造新的领域和新的产业。互联网的快速发展和使用到底会对劳动力市场产生什么样的影响，这是本章的研究要点。

1.1.2 研究意义

第一，有利于深入理解"数字鸿沟"，为防止脱贫人口因数字技能匮乏而返贫提供政策依据，为长效减贫提供有益参考。十九大报告提出"乡村振兴"战略，贫困是乡村振兴的短板，脱贫攻坚的推进要以助推乡村振兴为目标。从当前发展来看，全球的互联网普及率仍然是北美、北欧、西欧、澳洲等发达国家和地区占据领先地位，中国、俄罗斯、南美等国家和地区则在快速追赶。同时，非洲和亚洲部分国家的互联网普及率远远落后于国际平均水平，在无法访问互联网的人口中，50% 以上生活在亚洲。

互联网在促进经济发展的同时，也在分化互联网的受益者和无网络人群，形成不可跨越的"数字鸿沟"。中国作为世界第二大经济体，不仅拥有全世界最多的互联网受众，也是全球无网络人群最多的国家之一。因此，要谨防"数字鸿沟"带来的数字红利差距和收入差距。通过精准扶贫帮助困难户脱贫意义重大，但是防止脱贫人口因为数字技能匮乏而返贫同样意义重大。本书就如何缩小区域发展差距和收入差距、如何保障弱势群体等问题提出新的研究视角，为我国脱贫攻坚和下一阶段的减贫工作提供有益参考。

第二，以人力资本视角研究互联网对技能人群的影响，服务于"中国制造2025"国家战略。劳动力市场的极化现象是一个国家劳动力市场上某种类型技能人群出现严重的供需矛盾所产生的特定现象。世界银行2016年指出，互联网正是加剧这种劳动力市场两极分化的重要因素。互联网对于ICT部门、应用ICT的部门、增加人力资本回报、增强劳动力市场链接等方面都有深远意义，在改善生产率的同时，能够改变现有的劳动收益分享机制。各国都在加快互联网基础设施建设，云计算、大数据、物联网等产业规模高速扩张。互联网给人类社会带来了机会和挑战，互联网作为人类历史上最强大的信息平台，正在重塑着各个行业、产业、部门的经济形态和就业需求。随着"中国制造2025"国家战略的进一步发展，高技能人才的需求将进一步增加，提升"数字人力资本"将是重要国家级人力资本战略。2019年政府工作报告指出，中国应当进一步提高劳动生产率。如何提升劳动者劳动生产率？在互联网时代，必须把"数字技能"纳入国家和教育培训体系之中，着力培养劳动者的数字人力资本。

第三，有利于全面评估互联网规模和"互联网+"政策对劳动力市场的影响，从而为互联网作为"新动能"支撑经济发展和就业改善提供有效支撑。习近平指出，"我国经济发展进入新常态，新常态要有新动力，互联网在这方面可以大有作为"[①]。"十三五"期间实施就业优先政策，把稳定就业作为经济社会发展的优先目标。世界银行2016年指出，随着全球生产力增速的减缓和互联网普及范围的扩大，数字投资带来的就业和服务收益等数字红利将进一步扩大。全球各国都在加快互联网基础设施建设，云计算、大数据、物联网等产业规模高速扩张。互联网给人类社会带来了机会和挑战，互联网作为人类历史上最强大的信息平台，也在重塑各行各业的经济形态和就业需求。然而，目前关于互联网对劳动者收入的影响机制的学术研究相对缺乏，学术界对互联网信息技术在就业增长和收入差距领域的贡献没有深入研究，对于互联网红利的影响及响应机制的研究有待进一步拓展。部分学者认为互联网红利仅是对工业化红利的延伸和虚拟化；也有学者认为互联网红利差异是一种基于互联网资本差异的新差异类型，是一种资本组合的结果（邱泽奇等，2016）。本书认为互联网并非信息技术进步的一种具体形态，而是基于独立的资本类型和技术形态存在的一种特殊信息类型，并尝试以互联网作为切入点来研究就业问题。

第四，有利于从微观视角识别互联网对不同就业群体产生的收入效应，从而更好地提高就业质量。互联网的发展会改变

---

① 习近平：《在网络安全和信息化工作座谈会上的讲话》，人民出版社，2016。

人力资本结构，扩大就业半径，减少部分行业的就业需求，但同时，互联网会创造新的行业和更多的就业岗位，本书以定量方法研究互联网对就业的具体影响，并分析互联网对不同技能劳动者的影响差异性。从实证的角度分析互联网的发展对个体就业者的影响，互联网提高了"数字红利"，扩大了收入分配差距，并形成技术进步的"群体效应"和技术扩张的"替代效应"两种效应。

1.2 本书总体设计

1.2.1 本书框架

本书尝试从我国互联网发展优势出发，基于宏观数据分析互联网规模对劳动收入的影响机制，从微观层面识别互联网使用对劳动者个体收入的影响机制，提出并构建新的指标，最终提出相关政策建议。

第一，构建互联网规模影响城市工资的理论模型并进行机制分析。互联网规模的快速发展从宏观层面影响全要素生产率、社会资本等特征，需要构建一个计量模型评估互联网规模对城市工资带来的收入效应，并分析不同区域、不同规模城市工资的异质性特征。

第二，识别互联网使用对劳动者收入的微观影响。基于微观调查数据，构建互联网使用影响劳动者收入的计量经济模型，评估互联网使用带来的增收效应，并分析不同收入群体和技能特征群体的异质性特征。构建微观计量模型的关键目标是识别互联网使用与劳动者收入的因果效应，排除影响劳动者收入的其他干扰因素。

第三，构建新的指标衡量数字技能。目前的微观数据无法支持有效识别互联网使用的内在机制，必须构建新的指标，把数字技能从人力资本特征中进行分解，并建立综合评价体系，这是完善和改进就业质量评价体系的基础，也是评估和预测长效减贫政策的前提。

第四，提出互联网发展如何促进长效减贫和就业增收的政策建议。本书系统地梳理我国互联网发展对就业的影响，深入分析如何着力推动互联网和实体经济深度融合发展，以信息流带动技术流、资金流、人才流、物资流，促进资源配置优化，促进全要素生产率提升；如何发挥互联网在推动创新发展、帮助广大农民增加收入等领域的积极作用，如何在互联网时代防止脱贫人口因数字技能匮乏返贫情况的发生。

1.2.2 研究问题

第一，如何准确地识别互联网规模对劳动力收入的影响及因果效应。首先，城市工资水平的高低受多种因素的影响，既有可能受宏观上的国家政策偏向、经济结构调整的影响，也有可能受城市自身的产业结构和人力资本结构转型的影响，影响机制繁多复杂，如何准确地识别互联网在其中的影响机制需要深入研究城市发展理论和工资理论。其次，本书核心解释变量互联网规模可能会面临内生性问题，其内生性有可能源于测量误差或遗漏变量，也有可能是被解释变量与解释变量之间存在着双向因果关系所致。无论什么因素产生的内生性，都会导致估计结果出现偏误。因此，需要在研究过程中通过构建历史工具变量、变更核心解释变量等方法来有效地处理内生性问题，以识别互联网规模与劳动收入的因果关系。

第二，如何准确地识别互联网使用对劳动者工资的收入效应及影响机制。首先，使用微观数据分析互联网使用对劳动者工资的收入效应会受到数据结构的影响和自报收入偏低等问题，容易产生样本选择偏差问题。其次，互联网使用与劳动者工资之间可能存在互为因果的内生性问题。再次，互联网使用对劳动者工资的影响可能受到劳动者个体特征、家庭特征、社会资本等多种因素共同影响，作用机制需要进一步识别。要解决上述问题，需要研究者更好地解决数据约束。在现有计量技术和数据基础上，本书优化研究模型，采用多种计量方法处理内生性和样本选择偏差等问题。

第三，互联网对劳动力市场的"极化"现象会产生何种影响。劳动力市场的"极化"现象是一个国家劳动力市场上某种类型技能人群出现严重的供需矛盾所产生的特定现象。根据世界银行的研究，当代发展中国家的劳动力市场都逐渐出现两极分化现象，即高技能与低技能岗位的就业比重提高，而中等技能岗位的就业比重下降。世界银行指出，互联网正是加剧这种劳动力市场两极分化的重要因素。本书集中分析互联网个体使用对普通就业人群和创业人群的影响机制，并分析互联网使用对不同技能劳动者的影响机制。

第四，互联网使用会对生育率产生何种影响。从 2017 年开始,中国出现生育率转折点,低生育问题已经严重影响到中国劳动力市场的供给能力。为何当前育龄群体的生育率偏低呢?大量学者认为这是中国生育政策干预和社会经济发展阶段双重作用的结果。此外,还有中国性别不平等带来的女性"第二轮班"问题(王琦等,2019)。对欧洲的研究发现,女性劳动参与率较低、传统价值观念较强国家的总和生育率低于女性劳动力参与较高、传统家庭观念较弱的国家(Chesnais,1996)。除了经济压力和子女养育负担等因素外,是否还有其他被大家忽视的重要因素?随着互联网的发展,中国已经从一个弱联结的社会变成了一个强联结的社会(方兴东、陈帅,2019),并且互联网已经一跃成为主流平台和"潮涌现象"的泉眼(林毅夫,2007)。大量研究从家庭收入、男孩偏好等角度研究中国生育率变化趋势,本书则从互联网使用的角度进行研究,借助 2010~2013 年中国综合社会调查(Chinese General Social Survey,CGSS)数据构建实证模型进行分析,并对城乡和学历异质性进行检验。

第五,如何为脱贫攻坚和乡村振兴提供新的脱贫政策思路,为长效减贫和就业优先战略提供新的协同性政策建议。从目前的政策思路来看,我国的乡村振兴和扶贫政策主要围绕改善贫困人口的经济水平展开,缺乏对贫困人口技能培训和就业扶贫的长效机制。如何有效利用互联网和"互联网+"政策服务于我国的长效减贫和乡村振兴,如何避免数字技能差异化导致的扶贫措施低效化等问题都缺乏研究。未来需要将网络强国战略和中国的互联网优势应用于就业优先战略和乡村振兴工作中,为长效减贫提供合理的政策建议。

1.2.3 技术路线图（见图1-3）

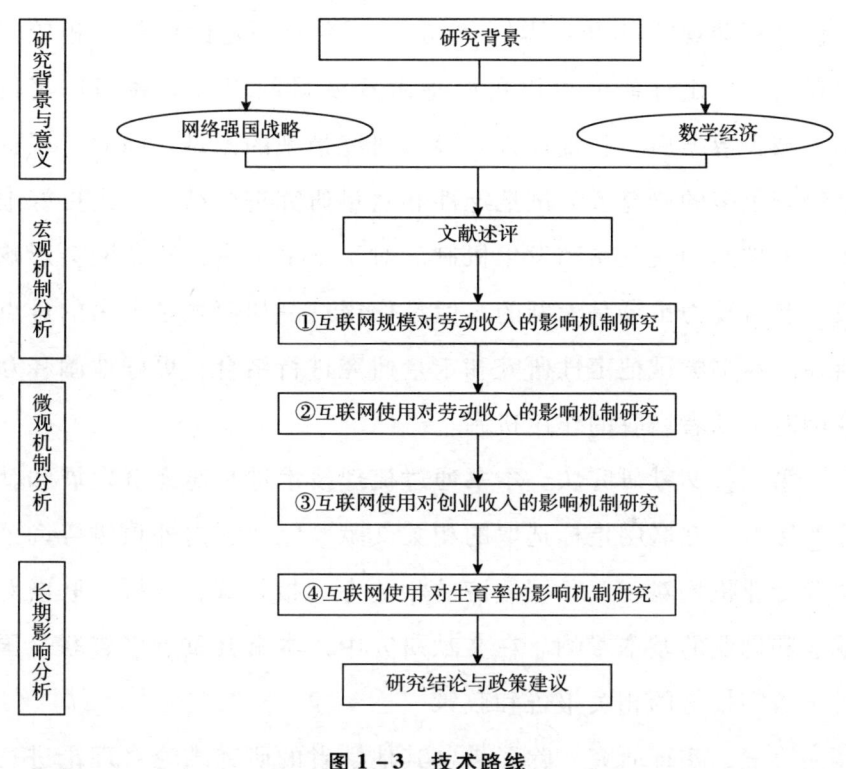

```
研究背景与意义
    研究背景
    网络强国战略    数学经济
宏观机制分析
    文献述评
    ①互联网规模对劳动收入的影响机制研究
微观机制分析
    ②互联网使用对劳动收入的影响机制研究
    ③互联网使用对创业收入的影响机制研究
长期影响分析
    ④互联网使用对生育率的影响机制研究
    研究结论与政策建议
```

图1-3 技术路线

1.3 研究方法及数据说明

1.3.1 研究方法

本书采用的主要研究方法如下。

第一，定性研究。本书之所以选择文本研究，是因为互联网技术的发展路径是从民间走向官方，从校园走向市场，互联网技术是典型的民间技能推动型技术革新。因此，对于孤立的互联网事件和互联网无序演进过程的研究尤为重要。虽然定性研究在很长一段时间内并不被经济学家所接受，甚至有人认为"定性研究仅仅是社会观察者的工具"，但定性研究有一定的优势。相较于定量研究，定性研究可以更好地解释变量间因果关系的作用机制，减少数据质量和统计方法等给研究带来的困难。因此，现在已经有很多的研究者尝试把定性和定量研究进行结合，去更好地阐释事件的相关关系和发生机制。对于本书来说，互联网会影响教育和劳动力市场是无疑的，但是作用机制如何才是本书的难点所在。本书尝试把定性研究和定量研究进行结合，更好地阐释互联网对劳动者增收的作用机制。

第二，文献研究法。本书通过梳理技术进步对经济发展和就业的影响、互联网指标选取的相关文献，以及国内外顶级咨询公司等专业机构对于互联网经济的相关咨询报告等，分析互联网对就业和创业的基本影响。在文献研究中，本书会重点借鉴联合国对于数字技能的相关报告和政策。

第三，实证研究。除了借鉴其他学者的研究结论对理论进行推演，本书借助一些宏观数据和调查数据进行实证分析。扎实的实证分析不仅是对经济学理论的验证，在一些微观数据和宏观数据相悖时，实证研究有利于学者反思经济学理论假设的时代性和准确性。本书采用多种计量方法处理实证分析中遇到的问题：(1) 采用历史工具变量法、被解释变量的滞后期值方法等处理可能存在的内生性问题；(2) 采用变更核心解释变量、增加新的控制变量等方法进行稳健性检验；(3) 采用 Heckman 两阶段模型来处理样本选择偏差问题。

1.3.2 数据说明

本书所使用的数据主要来自宏观数据和调研数据两部分。

第一，宏观区域数据主要来源于历年《中国统计年鉴》《中国城市统计年鉴》《中国区域经济统计年鉴》《全国分县市人口统计资料》以及各省、城市的统计年鉴。

第二，调研数据主要来源于：（1）中国共产主义青年团北京市委员会的"2014年北京创业青年群体1%抽样调查数据"，此次调研采取分层抽样的调研方法，抽取了北京市1%的创业青年，样本总量为1916份。其中"创业青年"要满足以下条件：年龄在18~40周岁（含）的在京常住人员；在北京市工商管理部门注册登记5年（含）以内；截至2013年年底已完成年度检验手续的企业法定代表人（含合伙人）和个体工商户经营者；（2）由中国人民大学中国调查与数据中心发布的一项综合调查数据——中国综合社会调查（CGSS）。该调查迄今已经有2003年、2010~2013年、2015年共6次大型截面调查数据，该数据通过规范的抽样方式构建包含省域、城市、社区、家庭和个体层面的多层数据，每年的调查样本量在1万份左右，为经济学、社会学、管理学等学科研究提供了良好的数据支持。此外，本书还充分利用各种国内外的调研数据库，如全球创业观察（GEM）87个国家11年（2001~2011年）的创业数据、中华全国妇女联合会数据库、中国就业质量调查数据库、全国流动人口卫生计生动态监测调查数据库等。

第 2 章 文献综述

2.1 互联网的测量指标

网络经济是伴随着互联网的发展形成的一种经济模式。在网络经济发展的早期，部分学者指出，网络经济是一种典型的虚拟经济模式。随着以互联网为基础的信息产业发展，网络经济形成了包含信息技术的开发与应用、网络产业的结构化、网络平台的商业化等多种形式的经济模式。

网络经济起步于马克卢普和波拉特对美国信息经济的测度研究。此后，美国进步政策研究所（Progressive Policy Institute）的《新经济指数》报告为新经济构建了一个多维指标体系。1999 年 10 月，美国得克萨斯大学的一项研究报告首次运用"互联网份额"（Internet Quotient）作为对公司在互联网经济中的成功潜力进行量化的工具。同时，提出互联网经济应包括互联网基础设施、互联网应用基础设施、互联网中介行业、互联网商务四个方面。

国内对信息经济的测量研究成果较多，既包括国家层面，也包括地区层面的测算。张蕊（2001）提出，网络经济至少应包括四个维度，即网络应用规模指数、产业发展指标、产业投资指数和产业劳动力指标。薛伟贤等（2004）在此基础上提出，网络经济测度指标体系构建应包括五个维度，即国家经济实力与政策保障、信息技术和网络基础设施水平、网络经济资源开发与利用能力、网络经济人才与技能以及电子商务状况。他们明确提出，指标必须兼具明确性和可获得性，并对这一指标进行了修正（见表2-1）。

表2-1 修正后的网络经济测量指标体系

	类别	指标	指标名称（单位）
网络经济发展水平	国际经济实力与政策保障 X_1	X_{11}	人均GDP（元/人）
		X_{12}	交通邮电通信业产值占GDP比重（%）
		X_{13}	研究与开发经费占GDP比重（%）
		X_{14}	教育投资占GDP比重（%）
		X_{15}	城镇居民交通邮电通信消费
	网络基础设施 X_2	X_{21}	每百人拥有电话机数（部/百人）
		X_{22}	城镇居民每百户拥有彩电数（台/百户）
		X_{23}	城镇居民每百户拥有移动电话数（部/百户）
		X_{24}	城镇居民每百户拥有家庭计算机数（台/百户）
	网络应用水平 X_3	X_{31}	网络用户平均每周上网时间（小时）
		X_{32}	网络用户人均域名数（个/万人）
		X_{33}	网络用户人均Web站点数（个/万人）
		X_{34}	上网人数占总人口比例（%）
		X_{35}	网络用户人均Email账户数（个/人）
		X_{36}	网络用户人每周收到Email数（个）
	网络经济人力资源 X_4	X_{41}	每万人中在校大学生人数（个）
		X_{42}	每万人中科技人员人数（个）
		X_{43}	交通邮电通信业从业人员占总从业人员比重（%）
		X_{44}	人均年批准专利数（件/万人）
	电子商务状况 X_5	X_{51}	网上购物者占网络用户比重（%）
		X_{52}	网络用户中更换信箱密码者比重（%）

资料来源：薛伟贤、冯宗宪、王健庆：《中国网络经济水平测度指标体系设计》，《中国软科学》2004年第8期。

从文献中可见，以"互联网"作为关键词和主题词的经济学文献并不多，互联网与就业关系的实证文献很少，主要集中于最顶尖的学术期刊上。国外研究对于网络、人力资本与就业的研究一般并不直接用"Internet"作为关键词，而是更多地以"Broadband""Website"为关键词，原因主要是可直接在宏观数据中搜寻到定量指标，而"Internet"一词的定义过于宽泛。国外文献中经常使用的互联网指标包括：网速、网络节点、宽带用户、移动互联网用户等。Mitchell & White（2001）在估计站点中宣传的数量与 1996 年、1999 年 FORM - M 报告中数据采取的财政措施之间的关系时，使用了"互联网宣传使用数量"作为指标，包括互联网宣传要求的特殊服务描述和总结。Greenstein & McDevitt（2009）在研究互联网对经济发展和 CPI 变动的影响中，把互联网指标分为"宽带采用率"（Broadband Adoption）和"拨号上网采用率"（Dial - up Adoption）两部分，并以宽带网络作为核心解释变量。薛伟贤等（2004）认为，互联网使用的指标应当包括反映网络流量（互联网用户和网络内容）的指标和网络带宽（宽带数量）的指标（见表 2 - 2）。

表 2 - 2　互联网的指标选取

作者	年份	指标
Will Mitchell & C. C. White	2001	互联网宣传使用数量
Choi C.，Yi M. H.	2009	互联网普及率
孙中伟、张兵、王杨、牛建强	2010	CN 域名和网民
Czernich N.，Falck O.，Kretschmer T.	2011	宽带渗透率
李立威、景峰	2013	互联网普及率
Anders Akerman、Ingvil Gaarder and Magne Mogstad	2015	宽带采用率

2.2 互联网规模、经济增长与就业

第一，互联网发展有利于经济增长。Forman et al.（2005）指出，20 世纪 90 年代，美国的企业在互联网上进行了大量投资，越来越多的证据表明，互联网降低了地理上隔离地区从事经济活动的成本。Greenstein & McDevitt（2009）根据美国 1999~2006 年的基准数据发现，互联网总共创造了 390 亿美元的总收入，其中宽带网络创造了 220 亿美元的总收入。Choi 等（2009）根据 1991~2000 年 207 个国家的跨国面板数据指出，互联网普及率每提高 10% 将使人均 GDP 增长率提高 0.49%~0.59%。Czernich et al.（2011）使用"宽带渗透率"这一指标也得出近似的结论，即宽带渗透率每提高 10 个百分点，可以带动人均 GDP 增长 0.9~1.5 个百分点。李立威、景峰（2013）利用 2003~2011 年我国 31 个省份互联网普及率和人均实际 GDP 的数据建立了个体时点双向固定效应模型，研究发现，互联网对我国经济增长具有促进作用，互联网普及率每提高 10 个百分点，将使人均实际 GDP 提高大约 1.3 个百分点。

第二，互联网发展有利于行业发展和创新增长。Brookes & Wahhaj 指出，互联网将带来制造业生产力的巨大增长。互联网甩开中介，进而降低成本，利润率下降与采购成本降低的联合效应使生产力年增长率比其他可能方式下高出 0.25%。McAfee 提出，对于制造商而言，互联网正在三个层次上产生重大影响：在企业层面上影响企业内部网构架、企业信息技术、购买成本的节

约；在企业联盟层面上实现点对点链接、多个合作伙伴的一体化和流程集团；在市场层面上提高增长预测，改变当前形势。Clemons & Hitt 指出，互联网对零售金融服务业年生产力的影响相当于长期美国经济总生产率的 0.25%，或者每年成本节约多达 190 亿美元。Mitchell & White 认为，互联网影响汽运行业的关键是顾客和竞争者能够得到关于货物和服务、价格以及时间方面更详细的信息，制造业占比每增长 1%，每年将节约 32 亿~40 亿美元。谢印成、高杰（2015）在使用中国互联网络信息中心数据和第三产业数据进行分析后发现，电子商务的发展对第三产业有显著的正向影响，网络零售交易额对中国第三产业增加值有显著的正效应。孙中伟等（2010）通过衡量 1999~2008 年中国互联网域名和 GDP 之间的关系指出，互联网资源增长在带动省域经济发展方面并未发现明显规律。王金杰等（2018）基于开放式创新的视角指出，互联网对企业创新绩效存在正向影响。互联网放大了技术人员与研发资金投入对企业创新绩效的积极影响，减弱了传统的公司治理对创新绩效的影响。

第三，互联网发展有利于提升长期就业率和工资水平。信息技术的发展将造成短期的就业挤压效应和长期的就业创造效应（丁华军，2007）。苏惠香（2010）指出，在信息化程度相对较低的阶段，信息技术表现为资本密集型技术并减少就业，而到了信息化程度相对较高的阶段，信息技术表现为劳动密集型技术并增加就业。Fabritz 指出，互联网的普及率对就业率具有正向影响，而且这种影响主要来源于服务业，接入互联网能够提高 1.8% 的就业率。李飚（2018）指出，互联网规模的增加会对劳动者工资水平产生正向影响,并对不熟悉数字技术的低技能劳动者产生"逆向歧视"。Forman et al.(2012)则指出,互联网发展加剧了区域收入不平等。Akerman et al.(2015)指出,宽带网络可以提高劳动力市场的产出并提高熟练工人的生产效率。

第四,互联网发展加剧区域不平等和"数字鸿沟"。一般认为,数字鸿沟指的是"一个在那些拥有数字技术的人以及那些未曾拥有者之间存在的鸿沟"(韦路、谢点,2015)。刘芸(2006)辩证地提出,国际数字鸿沟具有经济发散和经济收敛的双重效应,她通过跨国截面数据指出,ICT普及对于经济发展的影响并非线性的。韦路、谢点(2015)基于1990~2010年的世界宏观数据,通过考察互联网、固定宽带和手机在世界范围的发展蔓延及其影响因素后发现,全球数字鸿沟逐渐缩小。张伦、祝建华(2013)指出,中国香港、美国与世界平均水平的互联网数字鸿沟发展趋势与该地区互联网扩散率都呈倒U字形关系,即随着互联网扩散率的增长,数字鸿沟指数在该地区互联网扩散率的中值处达到峰值,并随后下降。因此,从国别比较来看,数字鸿沟并不会无限扩大,反而会呈现一种趋近态势。彭婷(2015)指出,相对于"物理接入",信息的"动机接入""技能接入"和"使用接入"等问题会导致更大的数字鸿沟。邱泽奇等(2016)也提出相同的观点。这种差距不仅体现在区域之间,也充分体现在城市之间。汪明峰指出,中国地理区域之间的"数字鸿沟"表现十分明显,它已成为中国社会经济发展的新差距。从目前来看,特大规模以上的城市与其他城市和地区之间的差异是中国互联网空间"数字鸿沟"的主要方面,这种状况与当前全球出现的新的城市二元化趋势相一致，可能加剧中国社会空间的分离和破碎化。生延超、李辉以2003~2014年282个地级以上城市数据作为样本进行研究，结果表明，互联网规模对技术效率的影响与空间溢出效应存在显著区域差异，东部、中部地区受到技术效率的正溢出效应影响，西部地区受到技术效率的负溢出效应影响。邱泽奇等（2016）从互联网资本的角度出发，认为用户用自己的互联网资本通过对差异化、规模化的运用，获取差异化的互联网红利。许竹青等（2013）对农民利用信息的能力与易腐农产品关系问题进行研究发现，有效的信息供给会显著提高易腐农产品的销售价格，并建议提高农民的信息获取能力来获得"信息红利"。金春枝、李伦（2016）认为，数字鸿沟问题的实质是经济鸿沟，反映的是我国区域、省份及城乡之间的经济发展水平的差距和贫富悬殊情况。刘骏、薛伟贤（2014）通过因子分析发现，我国东中西部区域存在明显的城乡数字鸿沟差异，西部最大，中部次之。薛伟贤、刘骏（2014）结合非线性回归拟合方法构建中国城乡数字鸿沟对城市化进程阻尼测度模型发现，城乡数字鸿沟的阻碍作用越来越显著。侯艳辉、郝敏（2013）指出，应从接入层、使用层、知识层三个层面构建数字鸿沟成因和发展模型，构建数字鸿沟影响因素指标体系。邬晓鸥等（2014）指出，应从信息获取与利用环境、信息意识与能力、信息利用水平三个方面，构建我国城乡数字鸿沟测度指标体系。在国家战略层面上，陈玉宇、吴玉立（2008）指出，国家在未来信息化建设中应当优先发展服务业和制造业等信息化程度较低的行业来降低数字鸿沟。薛伟贤、刘骏（2014）则建议，通过缩小城乡数字鸿沟来提升我国的城市化速度和质量。

第五，有的学者从以下几个角度来阐释互联网发展对经济发展与就业的影响机制：(1) 提升区域的融资能力。传统中国的劳动者，尤其是农村劳动者缺乏融资能力和信用机制。宋晓玲、侯金辰指出，互联网使用显著提升了发展中国家和发达国家的普惠金融指数。(2) 数字红利。世界银行指出，随着全球生产力增速的减缓和互联网普及范围的扩大，数字投资带来的增长、就业和服务收益等数字红利将进一步扩大。许竹青等（2013）对农民利用信息的能力与易腐农产品关系问题进行研究发现，有效的信息供给会显著提高易腐农产品的销售价格，并建议提高农民的信息获取能力来获得"信息红利"。(3) 提升工会的就业促进作用。Freeman（2002）认为，低成本的信息通信和互动的网络将为工会提供机会，以提高服务和吸引成员，重塑自己的地位并促进就业发展。

2.3　互联网使用、工资与收入差距

第一，大量研究一致表明，互联网使用对个人收入具有积极影响。Goss & Phillips（2002）利用美国 1998 年人口普查数据研究发现，工作中使用互联网可以带来 13.5% 的额外报酬。Lee & Kim 基于美国人口普查数据的研究指出，工作中使用互联网可以提高个体约 8% 的工资水平。卜茂亮等（2011）利用 2008 年中国家庭动态跟踪调查数据研究发现，在控制了年龄、性别、教育程度和婚姻状况等个体特征后，互联网的使用仍然能够带来约 60% 的额外收入。蒋琪等（2018）基于中国家庭追踪调查 2010 年和 2014 年的面板数据，使用固定效应和倾向得分匹配双重差

分模型研究发现，互联网使用给中国居民带来23.99%（年化为5.52%）的额外收入，这与刘晓倩、韩青（2018）的研究结论一致。后者指出，与未使用互联网的居民相比，使用互联网居民的年收入提高3911.63元。赵建国、周德水（2019）针对大学生的研究表明，互联网使用显著提高了大学毕业生的就业工资水平。不仅如此，互联网使用对农民的农业收入（刘晓倩、韩青，2018）和非农业工资性收入（周冬，2016）都有显著的正向影响。毛宇飞等（2018）从性别工资的角度指出，使用互联网促进了性别工资的增长，互联网的广泛应用为缩小性别工资差距带来了新的可能。邱泽奇等（2016）从互联网资本的角度研究认为，用户用自己的互联网资本通过对差异化、规模化的运用，获取差异化的互联网红利。

第二，大量研究指出，互联网使用对于性别、城乡、技能等异质性群体的影响效应是不同的，互联网使用的差异性也正是群组间和城乡间收入差距扩大的重要原因。Goss等（2002）指出，在低技术水平的企业中使用互联网的收入回报往往更高。刘晓倩、韩青（2018）认为，互联网使用扩大了居民间的收入差距，其贡献率为12.6%。蒋琪等（2018）认为，互联网的使用对中年人、农村居民、受过高等教育群体的影响相对较大。毛宇飞等（2018）基于中国家庭追踪调查数据指出，使用互联网能够缩小低收入层和中高收入层就业者的性别工资差距，却加大了高收入层就业者的性别工资差距。周广肃、梁琪（2018）指出，对于低收入、中低教育水平和农业户籍群体而言，互联网对于家庭风险金融投资行为的正向影响并不显著。赵建国、周德水（2019）使用分位数回归研究发现，在低分位点上，互联网使用对大学毕业生就业工资的影响呈上升趋势，而且随着分位点的提高，互联网使用的影响程度不断减弱，呈倒 U 形趋势。

第三，为何互联网使用会影响劳动者的收入，尤其是对不同群体产生显著的差异性？有的学者主要从以下几个角度进行论证：(1) 提高工作搜寻效率。Krueger 指出，互联网显著地改变了工人搜寻工作的方式和雇主雇佣员工的方式，直接影响了失业率、工资和生产力。Stevenson 探讨了互联网是如何影响工作搜寻和就业的，并发现使用互联网收集信息的往往绝大多数是已经就业的人员，因此会给市场带来重新匹配的问题，即他们可能获得更好的工作机会。因此，利用互联网搜寻工作的人员至少在短期内会比利用传统方式搜寻工作的人员有更高的离职率，他们不仅更可能更换工作，而且跟现有雇主的议价能力也更强。Dettling (2017) 指出，使用互联网可以提高求职者和工作岗位的匹配效率并减少摩擦性失业，提高求职者获得工作的概率。Fountain 认为，互联网能够缩短找工作的时间并减少待业时间。(2) 提高工作效率。Krueger 曾指出，互联网的使用可大幅提高个体的生产效率，进而提高个体收入水平。(3) 提供更好的就业选择和就业信息。Holman (2013) 研究发现，对于求职者而言，互联网平台提供了丰富的信息资源，可以使求职者及时、便捷地获得相关工作岗位信息，进而拥有更多的就业选择和就业机会。许竹青等 (2013) 对农民利用信息的能力与易腐农产品关系问题进行研究后发现，有效的信息供给会显著提高易腐农产品的销售价格。对于在传统社会难以创业的农民而言，互联网对农村地区家庭创业活动具有积极的促进作用,并且提高了居民成为自我雇佣者的概率。周广肃、樊纲(2018)也指出,与没有使用互联网的家庭相比,使用互联网的家庭创业概率会提高3个百分点左右。王金杰等(2018)从电子商务角度出发,指出县域电子商务显著地促进了农村居民的创业选择及其创业投资和雇佣规模。电子商务改善农村居民异质且广泛的社会网络,降低农村居民对亲缘信任关系的依赖,部分地破除传统社会资本对农村居民创业的限制,从而促进了农村居民创业。(4)提高低收入群体和家庭的融资能力。周广肃、梁琪(2018)指出,互联网使用主要通过降低市场摩擦来提高家庭风险金融投资的概率,具体表现为降低交易成本、削弱有限参与机会限制、增强社会互动行为。周广肃、樊纲(2018)指出,互联网使用促进家庭创业的作用主要来源于信息渠道效应、融资效应、社会互动效应、风险偏好效应四种渠道。邱新国、冉光和(2018)基于2014年中国家庭追踪调查数据研究发现,互联网使用显著提高了家庭正规融资可得性及融资额,并显著降低了家庭非正规融资可得性。

第四,从扶贫角度来看,有学者的研究指出,互联网的使用有利于农民提高收入,扩大社会网络资源和创业机会(张博等,2015)。但是,如果对比其他群组来看,互联网使用带有一定的技能特征,贫困户(家庭)利用互联网进行机会识别和资源获取的能力比其他群组更弱。同时,由于互联网使用也影响家庭的融资行为,而互联网使用显著提升了城镇家庭和农村家庭正规融资的可得性,并显著抑制了农村家庭非正规融资可得性(邱新国、冉光和,2018),这就在一定程度上限制了贫困户(家庭)的融资能力。

2.4 互联网使用与生育率

21世纪以来，互联网的迅速普及对个体的就业和家庭决策都产生了广泛的影响。

第一，互联网使用直接影响了劳动者的收入水平，尤其是女性的收入水平，这是影响女性生育决策的重要因素。毛宇飞等（2018）从性别工资的角度指出，使用互联网促进了性别工资的增长，互联网的广泛应用为缩小性别工资差距带来了新的可能。邱泽奇等（2016）从互联网资本的角度研究认为，用户用自己的互联网资本通过对差异化、规模化的运用，获取差异化的互联网红利。

第二，互联网使用会改变个体的婚姻决策和劳动参与程度。Bellou（2015）指出，互联网通过让个人更快地识别出更多的符合他们偏好的备选项来降低搜索成本。他通过研究美国20世纪90年代的婚姻市场发现，使用互联网显著提高了21～30岁人群的结婚率。李晓敏（2014）采用中国31个省份2003～2011年的面板数据得出相反的结论。他指出，互联网普及率对离婚率有显著的正向影响，且对当年离婚率的影响小于其对未来1～3年离婚率的影响，这种滞后效应在第二年达到最大。Atasoy（2013）研究发现，互联网对美国的就业率有显著的促进作用。这种促进作用既表现为帮助失业者找到新工作，也表现为提高个体的劳动参与率。Dettling（2017）指出，使用互联网的已婚妇女更有可能进入劳动力市场，家庭互联网有助于高学历女性的工作与家庭平衡，尤其能够提高高学历女性的劳动参与程度。

第三，互联网可能会对生育率产生直接影响。Guldi & Herbst（2017）指出，互联网使用导致青年群体生育率下降13%，并且通过信息链接和信息获取的方式影响青年群体的生育决策。Trudeau（2016）调查了2009年首播的"16岁和怀孕"节目对青少年的冲击以及对性行为和生育行为的潜在影响，该节目记录了少女怀孕问题并提供有关性/避孕知识的教育。结果表明，收视率越高的州内，青少年生育率下降越明显。同时，对于年龄较大的青少年来说，在后期使用激素避孕药的情况有所增加。Billari等以生育率较低的德国为研究对象，指出互联网使用显著提升了生育率，尤其是对于25~45岁的女性而言。通过对区域层面的互联网覆盖率对区域生育率影响的研究，结果同样发现互联网对生育率有显著正向影响。该文指出，互联网并没有通过信息渠道和婚姻状态影响生育率，而是通过平衡家庭和工作的关系来影响生育率，互联网使用可以增加个体在家工作和兼职的概率，增加照顾子女的时间和提高生活满意度。

2.5 研究述评

从文献梳理中可见，随着"互联网+"等国家级网络强国政策的加持，近三年来对于互联网使用、经济增长与就业相关的高质量文章相对密集，有部分学者对于互联网发展与劳动者收入之间的关系进行大量剖析。本书认为，在其他学者研究基础上，仍然有以下几方面的研究可以进一步拓展。

第一，理论机制的讨论有待完善。受限于数据获得，当前描述"互联网使用"的主要是根据 CGSS、CFPS 等数据中对于"你是否经常使用互联网"来判断互联网使用情况，但是这个指标是一个不太客观的自报指标，指标没有清晰地刻画个体使用互联网的目的和方式，无法体现互联网使用是如何传导到增收当中的。同时，互联网使用对就业的影响机制讨论不充分，根据已有文献来看，互联网使用的微观传导机制主要包括社会资本的外延、融资能力的增强和"收入—年龄"关系的重塑等。然而，这几点并没有清楚地论证互联网使用的学习机制和工作机制，即互联网使用是如何影响增收过程的。

第二，研究数据有待更新。2018 年我国的互联网普及率已经高达 57.7%，较 10 年前的互联网规模已经有非常大的变化。目前国内经济环境和互联网基础设施建设已经相对完善，互联网规模对于劳动力市场的影响可能并非线性的，这种影响可能是呈现"倒 U 型"的（张伦、祝建华，2013）。因此，可以基于更新后的数据，运用不同的模型和方法进一步研究互联网规模对劳动力市场的影响。

第三，缺乏基于人力资本视角的相关研究。我国正在进行产业结构转型升级，为适应"中国制造 2025"国家战略，我国未来对高技能劳动者的市场需求将进一步提升。而互联网的发展加速了不同技能人群的收入差距，进一步改变劳动力市场供给结构。因此，要进一步提升劳动者"数字人力资本"，为未来劳动力市场提供高质量劳动力。

第四，现有国内文献对于互联网使用与生育率之关联性的研究相对匮乏，而国外对于互联网使用与生育率之间的关系并没有一致性结论，且中国生育率发展阶段和生育特征与长期低生育率的欧洲国家有所差异，值得进行深入研究。本书试图在以下几个方面进行拓展：首先，相对于以往讨论生育率下降的文献，分析互联网使用对生育率的影响是一个较新的视角，补充了技术进步对生育率影响的相关文献；其次，相比于发达国家的经验，利用中国数据给出发展中国家互联网使用对生育率影响的相关证据；再次，分别从宏观和微观视角进行交叉检验，并验证多种互联网使用影响生育率的可能性机制。

第3章 互联网与劳动力市场两极分化

3.1 引言

技术进步对于劳动力市场的影响一直是缓慢而深远的。历史上，人类经历了三次大型工业革命，伴随着技术的更新换代，普通劳动者的就业岗位渐次被机器人抢夺，蓝领工人的就业市场被机器"镂空"。但是随着互联网和人工智能的进一步发展，尤其是"奇点"的加速来临，不仅蓝领工人受到冲击，整个劳动力市场都面临一场残酷的人类与机器的竞赛。Deming（2013）指出，随着机器的功能日益强大，人类的工作发生了显著分化。1980~2012年最稳健的工作是那些充分结合数学能力和社交能力的就业岗位。同时，那些依靠单一技能（Single - skillset）的工作面临的风险最大，如机器操作和保洁等岗位都在衰减（见图3-1）。Acemoglu & Restrepo 则认为，随着人类工作任务日益复杂，内生技术响应会促使人类的劳动份额和就业恢复到他们最初的水平。

劳动力市场的"极化"现象是一个国家劳动力市场上某种类型技能人群出现严重的供需矛盾所产生的特定现象。从历史经验

互联网对劳动力市场的影响

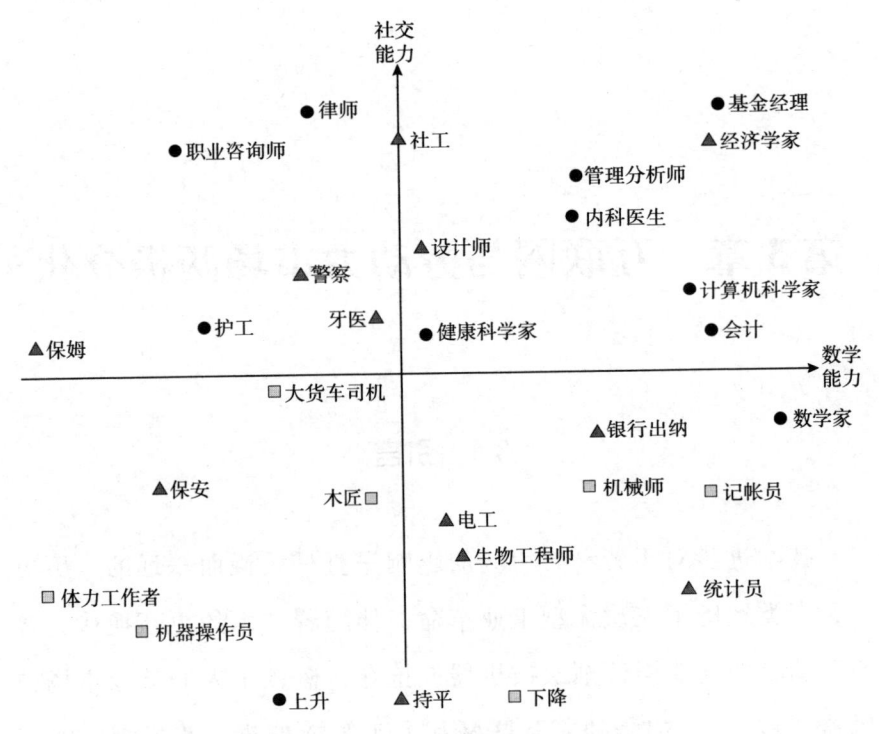

图 3-1 1980~2012 年各类工作的变化

资料来源：笔者根据 Deming（2013）重新绘制得到。

来看，劳动力市场的极化现象主要分为三类：第一类是向上的极化，即劳动力市场上高技能劳动者的就业比重迅速增长。20 世纪 90 年代的美国就曾出现高技能劳动者占比迅速增长的趋势。第二类是向下的极化，即劳动力市场上低技能劳动者的就业比重迅速增长。这种现象主要出现在 20 世纪 70 年代以来的亚洲发展中国家，在这一阶段，以中国为代表的亚洲国家在国际贸易中的地位相对较低，主要以低端的加工业为主。因此，利用廉价劳动力集中发展劳动密集型产业成为这些国家的产业战略政策选择，劳动力市场对于低技能劳动者的需求持续旺盛（见图 3-2）。在

21世纪初期，随着亚洲国家产业结构转型升级和国际贸易地位提升，低技能劳动者的主要需求国从中国逐渐转移到东南亚国家。第三类是两极化格局，即劳动力市场上高技能劳动者和低技能劳动者的就业占比都有所增加，中等技能劳动者的就业需求持续减少，就业地位逐渐被机器等自动化设备所替代。这种现象在20世纪80年代的德国（Dustmann et al.，2007）、2000年前后的欧盟国家、21世纪初期的英国都曾出现。

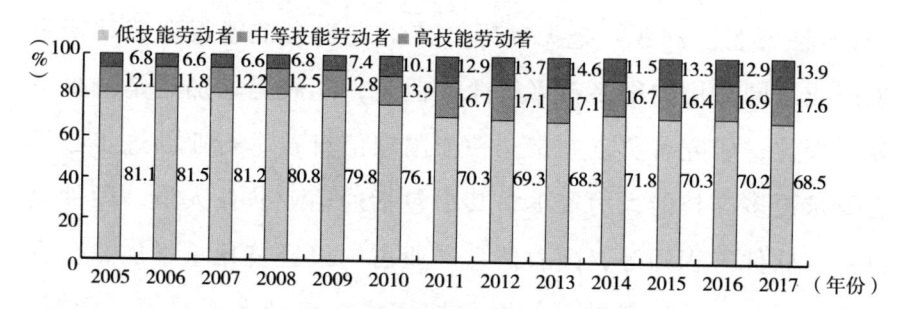

图3-2 我国不同技能劳动者就业比重

注：高技能劳动者是指受过大学专科及以上教育的就业人员，中等技能劳动者是指接受高中教育的就业人员，低技能劳动者是指初中教育及以下的就业人员。
资料来源：笔者根据国家统计局数据整理得到。

随着发展中国家的技术进步和贸易结构转型，一些发展中国家也出现了一定程度的劳动力市场"极化"现象。根据世界银行的研究，当代发展中国家的劳动力市场都逐渐出现两极分化现象，即高技能与低技能岗位的就业比重提高，而中等技能岗位的就业比重下降。从图3-3可见，除了中国、博茨瓦纳、埃塞俄比亚三国外，其他国家都存在不同程度的劳动力市场两极分化问题。邵敏、刘重力（2010）从贸易结构的角度，指出出口贸易的增加会使我国的行业更加偏向技能型技术进步，进一步导致劳动力趋向高技能行业就业以提高自身收入水平。江永红等（2016）

以2001~2012年省际数据为样本研究发现，产业结构升级推动整个社会就业结构和劳动力质量向两端发生偏移，引致劳动力"极化"现象。世界银行指出，互联网正是加剧这种劳动力市场两极分化的重要因素。互联网对于ICT部门、应用ICT的部门、增加人力资本回报、增强劳动力市场链接等都有深远意义，在改善生产率的同时，改变现有的劳动收益分享机制。但是，没有确切的证据表明互联网对于互联网对劳动力市场的影响本质上属于"技术性失业"问题。毫无疑问，技术进步会摧毁很多劳动密集型产业，同时增加很多新兴行业。但是，到底是增加还是减少了就业岗位，研究者莫衷一是。一个国家信息技术行业的进步必然会要求更多高技能人力资本，其中包括通信业从业人员、硬件提供商、软件工程师等，随着信息产业占国民经济比重增加，会有更多的低技能劳动者的就业岗位被高技能劳动者所挤占。同时，互联网的进步将创造新的行业和新的就业空间，一些低技能劳动者从"线下"走向"线上"。但从本质上看，网络就业的主体是网络零售业。随着越来越多的网络零售商在互联网上拥有一个属于自己的"实体"，越来越多的传统零售商在互联网上也开始创建自己的"形象"，它们实际上变成了"混合型"的零售商。互联网也从"边缘科技"一跃转变成当今前沿文化的主流。

从图3-2可见，正如世界银行所说，我国不同技能劳动者的就业情况并没有呈现出这种两极分化问题，劳动力市场的基本特征是呈现显著的中高级技能偏向型发展特征。从2005年到2013年，我国高技能劳动者的占比从6.8%增长到14.6%，平均增幅达到0.86%。中等技能劳动者的就业占比从12.1%增长到

17.08%，平均增幅达到 0.55%。然而，低技能劳动者的占比则降低近 12.8%。一方面，我国的互联网发展格局相比世界整体格局更加不均衡，全球的宽带互联网用户已经增长到 40 亿人，互联网给全球带来了新的就业繁荣可能性。中国和印度不仅是全球互联网用户最多的国家之一，也是全球"无网络化"人群最多的国家，这种数字红利分享上的差距加剧了各地区间的不平等和劳动力流动格局，形成显著的数字鸿沟。另一方面，我国的人口结构变动和产业结构变动也没有向两极化演进的显著趋势。

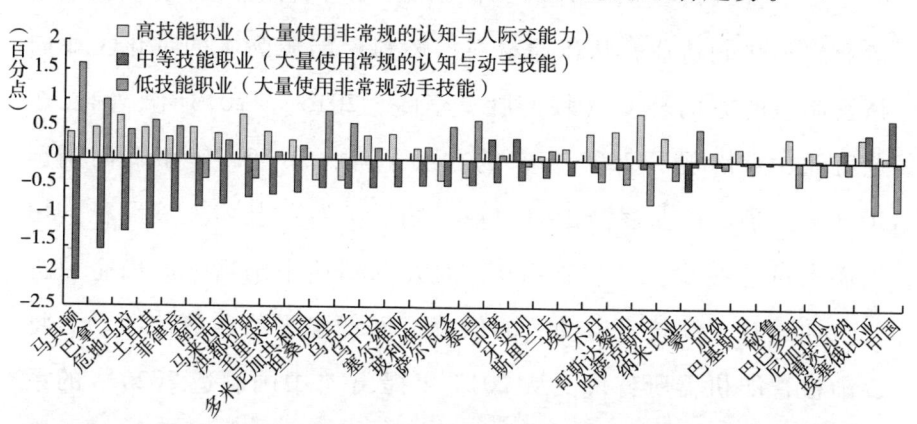

图 3-3 发展中国家不同技能水平劳动者就业率的年均变化（1995~2012 年）

注：高技能职业包括议员、高级官员与管理者、专业人员、技术人员即助理专业人员；中等技能职业包括职员、技艺有关工作人员、工厂设备操作及装配人员；低技能职业指服务人员、销售人员和非技术工人。

资料来源：世界银行：《数字红利》，2016，图 17。该图为笔者重新绘制得到。具体数据见 http://bit.do/WDR2016-Fig0_17。

3.2 原因分析

3.2.1 产业结构的调整升级，增加对高技能人才的需求

在经历 30 多年的经济快速发展后，我国经济逐渐走向了新

的道路：放缓经济增长，优化经济布局，升级产业结构，走向创新强国。因此，我国的产业结构发生重大变化，并进一步压缩就业空间。从产业形势来看，我国正在从"一、二、三"产业结构向"二、三"产业并重、第一产业为辅的结构变化，其中最明显的变化就是第三产业迅速崛起，与第二产业逐渐持平。2013年，第二产业占比回落至43.9%，第三产业占比增加到46.1%，在历史上首次超过第二产业比重。另一重大变化是第二产业所占产业比重一直维持在45%左右，但第二产业内部正在经历从低端制造业到高端制造业，从以原材料、燃料、能源为主的重化工业向精密制造的方向转变（赖德胜、李飚，2015）。2013年，第二产业就业比重出现了2002年来的首次下降，从30.3%微弱回调至30.1%。第二产业逐渐走向"高、精、尖"的技术发展路径，用工需求迅速减少。"工业4.0"的大潮到达中国后，国内企业进一步加强对于高技术劳动力的依赖，而低水平的非熟练劳动力将逐渐被智能机器所替代。从2015年提出"中国制造2025"的系列文件后，我国对于新型制造业有了系统的政策目标和理论支撑，并提出"创新驱动、质量为先、绿色发展、结构优化、人才为本"的基本方针，打造一个以服务型制造业为主的行业平台，制造业的复苏与新需求对于人才需求将会提出更高要求。其中，新一代信息技术产业、高档数控机床和机器人、航空航天装备、海洋工程装备及高技术船舶、先进轨道交通装备、新材料、生物医药及高性能医疗器械等重点制造业领域则是未来培养制造业高技能人才的重地。从人员数量来看，我国高技能人才数量仅占技能劳动者总量的5%，无法为产业结构的调整提供足量技能人员。

从科研支出来看（见图 3-4），我国的科研支出占 GDP 的比重与 OECD 国家的平均水平在逐渐接近，并超过欧盟国家平均水平。因此，随着科研投入的持续增长，对于高技术劳动力的需求也会增长。

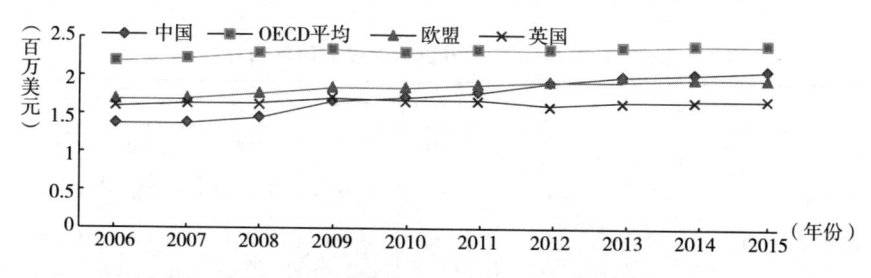

图 3-4　各国国内科研支出占 GDP 比重

注：国内科研支出（Gross domestic spending on RandD）是指包括居民企业、研究机构、大学和政府实验室等的所有国内科研总支出。其中，来自国外的研发资助属于国内科研支出，但不包括投入国外经济的国内科研支出。

资料来源：OECD 数据库。

根据世界经济论坛的预测，2030 年到来之前，人工智能、机器人、纳米技术等新技术将替代全球将近 500 万个工作岗位。[①] 互联网作为重要的技术进步，将重塑现有的市场格局，并对人力资本进行重新配置。随着制造业的重新崛起，制造业等行业将更加重视提供技术服务，并向第三产业靠拢。从表 3-1 可见，我国现阶段的人力资本强度较高的行业主要是文化、体育和娱乐业、科学研究和技术服务业、卫生和社会工作、教育等行业，而西方国家主要是教育、居民服务、修理和其他服务业等行业。随着中国经济结构转型升级，中国的服务业占比将会显著提高，并且从低端服务业走向高端服务业。因此，未来无论是制造业还是服务业，都将会吸纳更多高技能人才。同时，信息产业对于人力

---

① 世界经济论坛全球议程理事会：《未来软件与社会》（未正式出版），2019。

资本的需求也会进一步提高。以互联网产业为例，百度、阿里巴巴和腾讯三家大型跨平台互联网公司用3%的就业人员创造了互联网行业近一半的产值。

表3-1 2012年人力资本强度的国际对比

行业	中国	法国	意大利	英国	美国
农林牧渔业	0.004	2.777	3.696	2.070	0.176
制造业	0.040	1.465	1.206	1.222	0.661
住宿和餐饮业	0.080	1.561	2.071	2.473	0.900
建筑业	0.125	1.401	1.098	1.307	0.563
批发和零售业	0.304	1.140	1.282	1.452	0.580
居民服务、修理和其他服务业	0.594	3.026	0.785	1.091	1.102
交通运输、仓储和邮政业	0.817	1.264	0.633	1.269	0.553
房地产业	0.944	0.073	0.006	0.093	0.084
信息传输、软件和信息技术服务业	1.651	0.322	0.362	0.439	1.031
金融业	1.700	0.690	0.388	0.426	0.945
电力、热力、燃气及水生产和供应业	2.235	0.595	0.651	0.435	0.502
公共管理、社会保障和社会组织	2.772	1.048	1.114	1.395	0.878
租赁和商务服务业	3.449	0.363	1.120	0.314	2.808
教育	4.129	1.364	1.675	1.648	23.647
卫生和社会工作	5.794	0.976	1.503	1.757	1.469
科学研究和技术服务业	9.197	1.351	0.113	1.697	0.556
文化、体育和娱乐业	12.230	1.304	2.737	1.535	1.654

资料来源：中国经济增长前沿课题组：《中国经济增长的低效率冲击与减速治理》，2014。

3.2.2 高等教育的普及化，为劳动力市场提供大量高端人才

2001年，我国大学毕业生总量为115万人，2019年预计增

加到 834 万人，增长 6.25 倍。其中，从 2001 年到 2009 年，年均增长速度近 40%。同时，待业人数总体也呈上升态势，其中，从 2007 年到 2009 年的待业毕业生数量增幅明显，显然是受到 2008 年经济危机的影响，之后有一个缓慢的下降过程。据此，有大量研究认为，我国大学生就业难的根源是高等教育不当的大规模扩张所致。然而，大学毕业生的总体就业率在 2001 年到 2007 年始终稳定在 75% 左右，2007 年到 2009 年受到经济危机影响，就业率显著下降。而 2010 年后的就业率受到国家政策刺激回暖明显。然而，大学毕业生的就业率与毕业生的数量没有明显关系，这说明我国大学的扩张政策并没有显著影响毕业生的总体就业情况，就业率更多的是受宏观经济环境的制约（赖德胜、李飚，2015）。

从未来的发展趋势来看，我国高等教育的普及化还有很大空间。我国接受过高等教育的劳动力人口比重在 2003~2012 年增长了一倍，但是与西方发达国家相比，仍不足德国、法国等国家的 1/2，距离高收入国家平均水平还有较大差距，我国高等教育人才占未来劳动力比重仍待进一步提高（见表 3-2）。因此，高等教育的扩张为劳动力市场，尤其是第二产业的转型提供了大量高技能人才储备。同时，高等教育内部的结构化转型，尤其是高等职业教育的重要性得到提高，教育经费、课程体系、产学园结合等将为"中国制造 2025"提供更加匹配的制造业人才。到 2030 年估计约 27% 的劳动人口将拥有大学学历，中国将拥有世界规模最大的高技能劳动力市场。

表3-2 各国劳动力人口接受高等教育的比例

单位:%

	中国	德国	法国	英国	日本	高收入国家平均	OECD 国家平均
2003	6	23.6	26.3	28	37.2	26.94	27.74
2004	6.8	24.4	26.7	29.3	—	—	—
2005	7.2	24.5	27.9	29.8	39.5	32.95	29.67
2006	6.8	23.8	28.6	30.8	38.2	33.02	29.86
2007	6.6	24	29.3	31.8	39.9	33.86	30.64
2008	6.6	25	30.1	32.2	41.4	34.70	—
2009	7.4	26.2	31.2	33.7	—	—	—
2010	10.1	26.5	31.7	35.4	—	—	—
2011	12.9	27.5	32.4	36.7	—	—	—
2012	—	28.1	33.7	38.1	—	—	—

资料来源:《中国劳动统计年鉴》和世界银行世界发展指标(World Development Indicarions, WDI)数据库。

3.2.3 新生代农民工的群体结构转型,改善低端劳动力供给

低端劳动力市场是劳动力市场的重要组成部分,他们大多分布于城市的各个角落,从事体力劳动,为城市的市政工程、交通运输、环保卫生等发展提供支撑。然而,农民工也是劳动力市场上就业稳定性最低的群体之一,由图3-5可见,从1871年到2011年,包括建筑工人、工厂技工在内的体力劳动者的市场需求迅速衰减,迫使这些体力劳动者分流到不同的岗位或者选择新的就业形态。

第一,农民工基数庞大,新生代农民工迅速崛起。在改革开放初期,农民以"淘金者"的姿态投入城市发展中,他们也第一次发现自己的劳动力成为重要的社会生产要素。然而近40年过

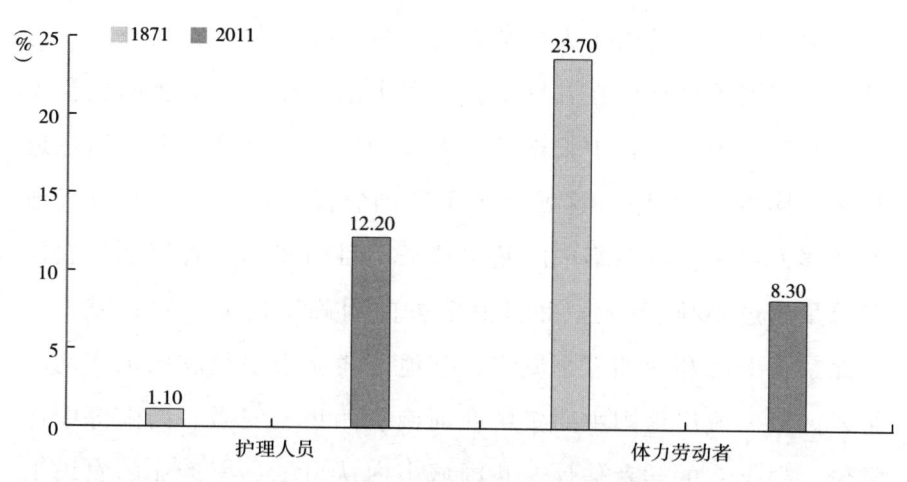

```
       ■1871  ■2011                    23.70
%25
 20
 15                                            
                        12.20
 10
                                                    8.30
  5
         1.10
  0
          护理人员                    体力劳动者
```

图 3-5　护理和体力劳动职业人数占比

注：体力劳动者包括清洁工、家庭仆人、其他劳动者（包括农业工人、建筑工人、工厂技工和一般劳动者）以及矿工。护理人员包括健康教育者、儿童护理者、福利职业者和保姆工。

资料来源：笔者对英格兰和威尔士普查数据的整理而得。Stewart I. DebapratimD、Cole A.：《机器取代人？从 150 年数据看技术对就业的影响》，杨超译，《科技中国》2016 年第 5 期，http://mt.sohu.com/20160718/n459795027.shtml。

去了，"原始工业革命"时期走到了末路，曾经的"封面时代"[①]一去不复返，农民工的结构发生重要转变，对未来的劳动力市场格局产生深远影响。农民工问题从根本上讲是随着经济发展的人口流动问题，是经济发展和城市化的产物。中国的不同之处是人口的自然流动和激烈的政策干预并进。中国的城市化进程是工业发展史上的一次"壮举"，短时间内，农民失地、城乡收入差距巨大、区域流动解禁等问题集中凸显，农民或主动或被动地流向城镇。在短短的十年内，我国的农民工从基本紧缺到严重过量。截至 2015 年，我国的农民工存量多达 2.7 亿，相当于印度尼西

---

① 2009 年，"中国工人"作为一个独立群体成为美国《时代》杂志的年度人物，这段时期正是中国经济腾飞的关键期。

亚全国人口。正是由于人口基数大，群体需求的差距格外大。与日本、韩国等经济体在其城市化过程中以短途迁移为主的迁移模式不同，中国城市化中长途迁移人口的比例非常高，占比高达近30%（陶然，2005），这就决定了我国农民工的流入地和流出地的迁移人口多、流向集中的基本特征。目前我国跨省流动的农民工总量超过8000万人，并且流动去向明确，近1/3的农民工流入北京、上海和深圳三个城市，其他二线城市也是农民工流动的主要区域。流出地则主要集中在河南、四川、安徽、湖南等中部省份。根据有的学者估计，我国城市内从事二、三产业的农民工数量在2015~2020年预计增加6700万人，农民工入城规模呈逐渐增长态势（约翰·奈特等，2011）。农民工的存量规模将从2015年的2.25亿人增加到2020年的2.92亿人。与此同时，2015年农村的剩余劳动力有4.09亿人，2020年预计进一步减少到3.34亿人[①]。因此，农民工入城的基本情况没有改变，农民工"就近创业"的基本情况也没有改变。

不仅绝对量发生变化，农民工的年龄结构也在悄然重构。全国农民工监测调查（2018）的情况显示，近年来农民工的年龄结构有向上倾斜的趋势，平均年龄为40.2岁，青壮年在进城务工的农民工总体中所占比重快速下降到52.1%，同时，50岁以上农民工所占比重为22.4%，近五年呈逐年提高趋势[②]。根据统计，截至2016年，1980年及以后出生的新生代农民工已经占农

[①] 《2018年农民工监测调查报告》，http://www.gov.cn/shuju/2019-04/30/content_5387773.htm。
[②] 《2018年农民工监测调查报告》，http://www.gov.cn/shuju/2019-04/30/content_5387773.htm。

民工总量的近50%，新生代农民工逐渐成为农民工大军的"领军者"。新生代农民工在就业行业、专业技能、思想观念等方面与上一代农民工有重大不同。2010年中华全国总工会对新生代农民工的调研报告显示，相对于老一代农民工，新生代农民工在价值追求和就业动机方面都有重大不同，新生代农民工更在乎就业质量。正是对于自我价值实现的追求，新生代农民工更加善于利用科技产品，充满奇思妙想，并愿意尝试新鲜事物，他们已经成为农民工创业大军的主体。农村劳动者的技能决定他们抓住就业机会的能力（周其仁，1997）。随着新生代农民工的崛起和对网络等新科技的逐渐纯熟，农民工创业的成功率和行业选择的多样性都会逐步提高。农民工随着创业经验的积累，会逐渐形成产权明晰、利益直接、风险自担、机制灵活等特点。调查显示，制约农民工创业的最大因素就是资金短缺，我国现在的社会资金集中于主要城市，由于农村地区资金回收慢，流失风险大，许多银行和风险投资公司并不愿意借钱给农民工创业。但是随着国家政策要求，大量社会资本将深入农村地区，阿里巴巴的"千县万村计划"、京东的"京东帮服务店"、浙江遂网的"赶街"、聚宝盆的"聚宝公社"等模式将在农村地区进一步深化。伴随着政策的强有力支持，农民工创业将更好地摆脱资金和就业范围的限制，从生存型创业转向发展型创业，创业模式逐渐多样化。创业者将更好地结合电子商务，借助综合电商、农产品物流电商、垂直电商等电商平台，优化创业类型、深化资源整合和开展特色经营。

第二，农民工就业多元化，农民工创业趋势凸显。总体而言，国家发展战略和体制选择决定农村就业的机会空间（周其仁，1997），随着经济增长速度放缓、产业结构升级和"工业4.0"时代对大型机器的偏重，传统的以中低技能为生的农民工不得不另觅出路。一般来说，在传统工业阶段，农民工的就业选择无外乎在城市就地工作和返乡工作。在城市工作，农民工面临户籍制度等政策限制和技能狭窄导致的就业空间不足等问题。而重返农村，农民工既无法再次适应"农民"的角色，也因为快速推进的城市化战略和耕地减少而难以回归农耕生活。因此，如何解决数量如此巨大的就业能力不足群体的就业问题是摆在国家决策者面前的重大难题。因此，"双创"政策的推行让农民工的就业选择更多元化，现有的创业政策和创业环境在一定程度上弥补农民工就业空间单一的问题，也有利于农民工在次级劳动力市场上发挥自己创业机会成本偏低的优势。从图3-6可见，近十年来，农村地区的非农产业比重涨幅明显，年均涨幅近1%。随着农村地区非农部门的发展，农村地区的个体登记数量迅速增长，2011年

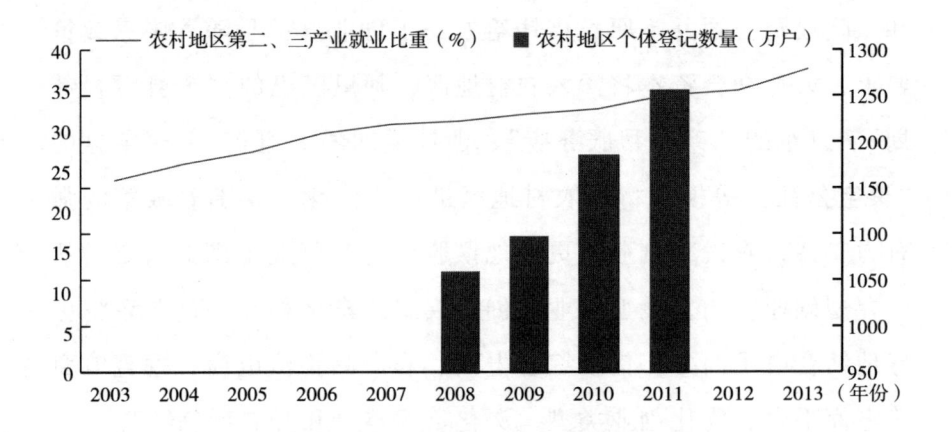

图3-6 农村地区就业状况

资料来源：《中国农村统计年鉴2014》和《工商行政管理统计汇编2011》。

农村地区个体登记数已经达到 1250 万户。同时，在农民工创业从城市到农村的迁移过程中，互联网技术和电子商务对于推动农村地区的创业起到重要作用，这在一定程度上扩大了产品流通和交易半径。

农民工创业是新时期国家解决就业问题的重要部分，是国家鼓励创新创业的重要方面。具体来说，第一，农民工创业促进经济平稳发展，减轻经济放缓的就业压力，是城乡经济发展的重要措施。农民工创业有利于打破城乡格局，国家创业政策中指出，要"创造更多就地就近就业机会，加快输出地新型工业化、城镇化进程"，这是把就业选择权还给农民工，让农民工在新形势下寻找合适就业机会的举措，不仅有利于放松农业管制和工商经营，增加经济结构的灵活性，而且有利于改善劳动力市场的配置结构。据国家工商行政管理总局统计，2015 年上半年新注册企业增长 19.4%，注册资金增长 43%，[1] 农民工的创业进一步释放了在经济增长过程中被压抑的潜在的就业岗位。第二，农民工创业有利于改善贫困地区的经济条件，扩大落后地区的就业空间。德内拉·梅多斯等在《增长的极限》中明确指出，由于地球资源和生态平衡的不稳定性，在人类突破资源和社会系统限制之前，人类将很快面临增长的瓶颈，我国古代哲学家和环境学家也一直主张"天人合一"。对于贫困地区而言，随着人口的急剧增长和资源的过度开发，贫困地区往往难以感受到经济发展带来的福利，其相对贫困指数反而在进一步加大。因此，在相对贫困的地区，劳动者往往难以寻觅合适的工作，被迫外出工作。创业行为给了

---

[1] 《国家统计局人口和就业司司长冯乃林接受中国信息报记者专访》，http://www.stats.gov.cn/tjsj/sjjd/201507/t20150720_1217672.html，2015-07-20。

农民工等当地劳动者"二次就业"的机会,不仅可以为自身谋得就业机会,增加个体工资和就业稳定性,而且可以带动就业信心,创造就业岗位。可以说,农民工返乡创业是新时期贫困地区人民"当家作主"的良机。电子商务在经历了近十年的迅猛发展后,逐渐呈现出"天花板效应"。截至2013年12月,我国网民规模达6.18亿,互联网普及率为45.8%,都已经趋于饱和。但是在农村地区,电子商务仍属于蓝海领域。谢印成、高杰(2015)指出,农村网民的增加是有利于网络零售业的发展的。截至2013年12月,我国网民中农村人口占比仅为28.6%,规模达1.77亿。但我国农村居民的互联网普及率仅为27.5%,相比城镇居民的62%有不小的差距,这也为农村电商发展留下不小空间。近年来,以阿里巴巴和京东为核心的电子商务平台已经着手发掘农村电子商务的潜力。京东农村电商的两大模式为县级服务中心和京东帮服务店,而淘宝主营的"村淘"则力主实现"网货下乡"目标。同时,淘宝配合政府解决网络精准扶贫问题,对接农村就业,培训超过3万名农村淘宝合伙人。农村电子商务的发展有利于解决农民工资金匮乏、经营管理经验不足、硬件技术不过关等问题,增强农民工回乡创业的动机和信心,帮助农民工发掘身边的人脉和物质资源。现实中,京东的"县级服务中心"已经吸引一大批乡村大学生村干部和小卖部店主作为服务中心主管,并运行良好。以浙江省为例,"瑞安淘""桐庐淘"等将区域特色与互联网大市场相融合的农产品网络销售平台纷纷上线,景宁的"山山商城"、衢州的"搜茶网"等农产品专业电商平台也搭建成功。因此,随着宽带、支付、物流、人才等问题的进一步改善，农村电子商务、农村物质资源和广大的农村消费者三者将会更有效率地进行结合，为农民工创业提供更广阔的消费市场。相较于科技型创业公司，农民工创业模式更偏重于传统型创业，这就导致农民工创业更加依靠人员，尤其是亲朋好友或乡里乡亲。同时，由于农民工作为创业主体，保持着更多传统社会的"家族"观念，家族间、近亲间、乡里间的人情关系更加根深蒂固，创业人员也有更强的意愿去带动乡邻的就业，并在短期内形成"集聚效应"。以浙江省为例，浙江在传统的小商品贸易基础上形成了连片的"淘宝村"，在网上乡村数量位居全国第一。农民工创业一方面受网络嵌入，即传统社会关系网络的直接交互影响，显著带动非创业者就业；另一方面在一定程度上通过非网络嵌入制造外生的劳动就业岗位。基于此，农民工创业的一个显著不同之处是其创业带动就业的稳定性更强，在创业发展的各个阶段都有比科技类创业更强的就业带动意愿和能力。

值得注意的是，近年来我国的人口流动趋势已经出现变化。人口流动逐渐向省内转移意味着农民工更多地选择本省的主要城市和县城，这对于农民工的乡土认同感是非常重要的，也为农民工返乡创业提供基本的政策环境和消费市场环境认同感。一些劳务输出大省的返乡创业人数已经开始增多，如贵州2015年上半年返乡创业人数同比增长58%，达到7.2万人①。截至2015年，约有900万左右农民工返乡，其中返乡创业的农民工人数多达200万人，占返乡总人数的近1/5。

---

① 《人社部：农民工创业人数增加就近就业趋势更明显》，http://www.chinanews.com/gn/2015/07-29/7435339.shtml，2015-07-29。

3.2.4 超前老龄化和少子化渐成趋势，进一步加剧劳动力人口短缺

第一，全球老龄化趋势显著，发展中国家养老压力最大。伴随着医疗水平的进步和生育率的不断下降，进入21世纪以来，全球老龄化甚至"超高龄"步伐加快，养老问题正在成为世界性难题。"老龄化"是世界各国在社会演进和经济发展进程中都将面临的重要问题。由于经济社会的发展和医疗条件的不断进步，带来的积极影响便是人口的预期寿命延长，但"老龄化"的问题也渐次凸显。联合国《2008年世界人口展望》报告指出，全球范围内60岁以上的老年人在总人口结构中所占比重呈现扩张趋势，预期到2050年将会达到22%，由此可以判断，全球正在加速老龄化步伐。对比各国人口结构变动的发展变化，虽然全球各国的总和生育率不尽相同，但是同样面临着老年人口负担过重的共同问题，只是处在不同阶段。自19世纪中叶开始，很多西方发达国家开始逐步走向老龄化，诸如法国、瑞典、英国以及亚洲范围内的日本、新加坡等国家就先后步入老年型国家之列。据穆迪公司的报告，到2020年，13个发达国家将成为"超高龄"国，即20%以上的人口超过65岁。到2030年，这一数字将会增加到34个。发达国家的"老龄化"和"超高龄"负担主要体现在出生人口不足上，联合国《2015年世界人口展望》指出，欧洲2015年的人口基数是7.38亿，到2050年下降到7.07亿，到2100年可能进一步下降到6.46亿，人口下降近12.5%，未来的养老压力集中在政府，这迫使国家走向民主社会主义道路，提高用于卫生和长期护理服务的平均支出，或者加强与企业之间的合

作，进而带来国家税负压力和企业发展动力问题，影响国家的经济发展。

与此同时，发展中国家和部分欠发达国家则面临截然相反的"老龄化"问题（见表3-3），这些国家人口增长迅速，非洲地区到2100年的人口涨幅甚至接近200%，正如联合国儿童基金会指出，"世界儿童人口大规模转向非洲"，过快的出生人口增速加重国家的财政压力。同时，贫苦地区的老年人口比重正在增加，根据联合国的估计，这一数字可能在21世纪从65%增长到90%，届时全球的养老压力主要集中在发展中国家和地区，进一步加剧全球的贫富差距。由于这些国家养老结构单一，政府和社会赡养能力普遍不足，势必会导致青年子女的赡养压力骤增。美国劳工统计局指出，2025年全球范围内男性与女性的预期寿命差值为4岁，2050年该差值增加到5岁，由此观之，女性与男性的预期寿命差距仍在拉大。

表3-3 不同地区人口变动预测

地区	人口（百万）			
	2015	2030	2050	2100
世界	7349	8501	9725	11213
非洲	1186	1679	2478	3487
亚洲	4393	4923	5267	4889
欧洲	738	734	707	646
拉丁美洲及加勒比地区	634	721	784	721
北美洲	358	396	433	500
大洋洲	39	48	57	71

资料来源：联合国：《2015年世界人口展望》，2016。

第二,超前老龄化渐成大势,"少子化"扩大适龄劳动力缺口。中国劳动力人口从2016年开始负增长,而且下降速度将超过日本。这一变化趋势主要是我国人口结构向两端扩散、挤压劳动力市场人口规模所致。具体来讲,一方面,在过去三十年中,计划生育政策的出台和实施在一定程度上制约中国人口的增速,使中国的人口更替水平保持在正常更替水平之下,新生人口增速放缓,致使中国人口的年龄结构渐次改变,老龄化大势初显。预计到2050年,中国60岁以上老年人口比例将高达近30%,"超前老龄化"① 趋势越发明显。(1)不科学的人口政策加剧"老龄化"的趋势。中国作为全世界人口基数最大的发展中国家,在短短的六十多年时间内,中国的人口与生育政策经历了从"人多力量大"的鼓励生育阶段,到"优生优育"的严格限制生育阶段,再到试探性的"单独二孩"的放宽生育阶段,以及未来可预期的全面鼓励生育阶段。而从当下而言,中国目前的总和生育率为1.4,和正常的人口更替水平有较大距离,不利于人口和劳动力的结构性延续发展。这种政策的变化导致中国的人口结构出现两极分化现象,即适龄劳动力人口占比缩减,老年人口和未成年人口的占比显著增加。因此,适龄劳动力人口赡养老人的负担和压力都会增加,未来将出现大量的"4+2+N"结构的小家庭,养老负担沉重,多重养老问题随之产生。(2)适龄劳动力人口缩减导致老龄人口偏态显著。目前中国每年劳动年龄人口维持在10亿人左右,但是随着"橄榄球"状人口结构向左平移,未来的劳

---

① 本节"超前老龄化"观点参考了2016年11月25日魏加宁在"促进就业宏观政策研讨会"上《构建促进就业的宏观政策体系》发言中对此问题的阐述。

动力人口将会缩减近20%。人口自然结构变动对劳动经济参与率的变化具有显著影响。这一影响在过去的十年当中已经有所显现。王莹莹、童玉芬（2015）指出，由于人口年龄结构的变化，与21世纪初的2000年相比，2010年的劳动经济参与率下降了0.22个百分点，与此同时，人口性别结构的变动相应导致劳动经济参与率下降了0.08个百分点。除此之外，蔡昉在研究中指出，从人力资本角度来看，老年人口人力资本禀赋较低，不利于产业调整和技术革新所引致的职业转换。根据人口年龄中位数计算，2015年，中国人口年龄中位数为37岁，而根据联合国相应的人口预测，到2050年，中国人口年龄中位数将达到49.6岁，接近日本53.3岁的水平，远高于瑞典、英国、美国等欧美国家。因此，适龄劳动人口参与率下降会加剧社会老龄化的偏态效应。中国65岁以上人口所占比重的变动趋势如图3-7所示，在过去的30年中，在中国的总人口中，65岁以上人口所占比重渐次攀升，从1982年的4.90%逐步上升到2014年的10.10%，比例增长超出一倍，可见"老龄化"正在加速袭来。《中国人口老龄化发展趋势预测研究报告》的研究显示，未来中国人口老龄化的态势仍不容乐观，预计到2020年前后，中国的老龄化水平将达到17%左右，而到新中国成立100周年的21世纪中叶，老龄化水平将超过30%，并在2051~2100年稳定在这一水平，即到21世纪中叶，每三个中国公民中就有一个老年人（毛毅、冯根福，2015），可见人口结构的老龄化已经成为中国不容忽视的重大问题（见表3-4）。

表3－4 中国人口年龄结构现状

指标 年龄	人口数（人）			占总人口比重（%）		
	合计	男	女	合计	男	女
0～4岁	75532610	41062566	34470044	5.67	3.08	2.59
5～9岁	70881549	38464665	32416884	5.32	2.89	2.43
10～14岁	74908462	40267277	34641185	5.62	3.02	2.60
15～19岁	99889114	51904830	47984284	7.49	3.89	3.60
20～24岁	127412518	64008573	63403945	9.56	4.80	4.76
25～29岁	101013852	50837038	50176814	7.57	3.81	3.76
30～34岁	97138203	49521822	47616381	7.29	3.72	3.57
35～39岁	118025959	60391104	57634855	8.85	4.53	4.32
40～44岁	124753964	63608678	61145286	9.36	4.77	4.59
45～49岁	105594553	53776418	51818135	7.92	4.03	3.89
50～54岁	78753171	40363234	38389937	5.91	3.03	2.88
55～59岁	81312474	41082938	40229536	6.10	3.08	3.02
60～64岁	58667282	29834426	28832856	4.40	2.24	2.16
65～69岁	41113282	20748471	20364811	3.09	1.56	1.53
70～74岁	32972397	16403453	16568944	2.47	1.23	1.24
75～79岁	23852133	11278859	12573274	1.79	0.85	0.94
80～84岁	13373198	5917502	7455696	1.00	0.44	0.56
85～89岁	5631928	2199810	3432118	0.43	0.17	0.26
90～94岁	1578307	530872	1047435	0.12	0.04	0.08
95～99岁	369979	117716	252263	0.03	0.01	0.02
100岁及以上	35934	8852	27082			
总计	1332810869	682329104	650481765	100.00	51.19	48.81

资料来源：第六次全国人口普查数据（2010）。

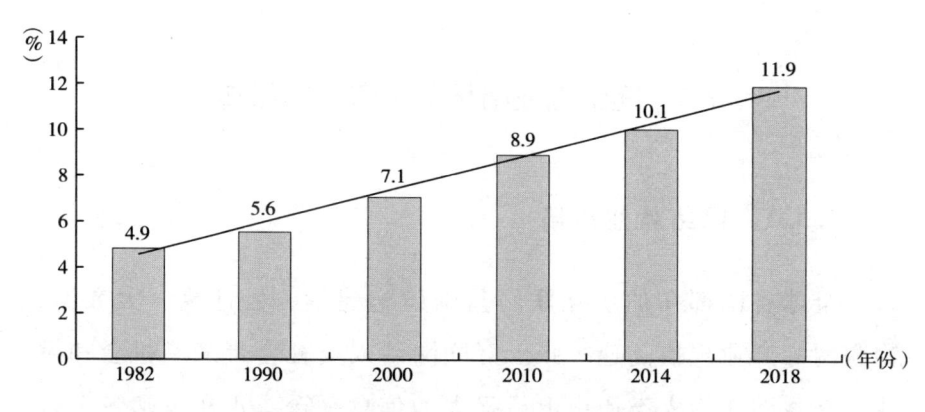

图 3－7　65 岁以上人口占总人口的比重

资料来源：国家统计局。

另一方面，中国出生人口不足，"少子化"加剧劳动力负担。根据联合国人口预测，到 2050 年，中国 0～14 岁的儿童人口比例将低至 13.5％，仅比日本高 1 个百分点。长期来看，中国人口的生育选择正在发生改变，这将进一步影响未来的养老决策和下一期的劳动力结构。在生育意愿方面，女性调查对象的意愿生育水平呈现偏低发展走向，但二孩生育意愿出现明显上升态势。出生人口结构通过两种机制影响未来的养老模式：其一，陆旸、蔡昉（2014）指出，人口结构变化将会影响一个国家的潜在经济增长率。通过对中国 1980～2030 年和日本 1960～2010 年的潜在增长率进行对比分析发现，与日本相似，中国未来的潜在增长率将迅速降低，而潜在增长率的下降将会降低中国政府的养老供给能力和家庭可支配的养老资源禀赋；（2）出生人口不足将会导致人口技能逆淘汰，不利于形成良好的养老代际传递机制。

3.3 网络就业市场与工作方式重塑

3.3.1 网络就业市场

全球各国都在加快互联网基础设施建设，云计算、大数据、物联网等产业规模高速扩张。互联网给人类社会带来了机会和挑战，互联网作为人类历史上最强大的信息平台，正在重塑各个行业、产业、部门的经济形态和就业需求。

网络就业是指以虚拟平台为基础，以网络技术为手段，整合产生资源和价值所产生的就业机会。随着互联网的发展，劳动力市场上出现了层出不穷的新型就业类型，大量人员成为自由职业者。统计显示，欧洲拥有近1000万名自由职业者，美国有超过4000万名自由职业者。在美国有Elance、Freelancer、Guru、oDesk等提供自由职业者工作的平台，在中国有猪八戒网、智城、有鱼网等平台。从基本的趋势上看，随着互联网的进一步普及，平台经济和灵活就业的趋势将进一步蔓延，对于劳动力市场的分化趋势也愈加明显。互联网的发展形成了大量的新型就业模式，拓展了"非正规就业"的领域。在传统研究中，"非正规就业"指的是除了国有单位、集体单位、股份合作单位、联营单位、有限责任公司、股份有限公司、私营企业、港澳台商投资单位、外商投资单位就业外的就业（陆铭、欧海军，2011），或者定义为自营、非正式部门企业的员工、家庭员工、正式部门企业的员工、雇主/无薪家庭员工五类人员。从2010年到2014年，中国非正规就业人员总数从4467万人增长到7009万人，增幅达到56.9%，灵活就业者的绝对量显著增长（见图3-8）。随着互联网技术的深入发展，各种依托于网络平台的就业和灵活就业形式层出不穷。随着电子商务从B2C的垂直模式到C2B的网络模式发展，未来的个体就业者将享有更大的自主权，在实现充分就业的同时显著改善就业质量。根据阿里研究院的调研数据，近三年来，淘宝平台解决的就业人员数量分别为：1200万、1800万和3083万。淘宝平台不仅为大量卖家提供了交易的"集市"，也塑造了大量新型职业角色，如淘女郎、代运营、淘宝客、云客服等。平台经济模式不仅带来了直接的就业岗位，也带动了传统行业的发展。以物流业为例，随着互联网经济的发展，2016年的电商物流人员已经达到260万人左右，送餐平台的送餐人员超过200万人。根据世界银行的统计，非正式就业中正式部门企业的员工和自营人员是主要形式，分别占比为30%和26%。以农民工为例，由于农民工长期生活在城市，对于家乡已经相对陌生，受政策法律保障有限、资源获取渠道匮乏、劳动力市场障碍等因素的影响，农民工仍有一大部分会选择在城市创业或者在城市非正规部门就业（见图3-9）。

另一方面，灵活就业占比呈现"倒U型"结构，即随着经济和新技术的发展，灵活就业者会呈现先增后减的趋势，其中部分原因是随着新技术的发展，一部分非正规就业部门被接纳到正规就业部门。从2014年《网络创业就业统计和社保研究项目报告》发布后，越来越多的学者对这一问题有了更全面的研究。由于网络就业在国内外的发展基本不存在滞后性的问题，正如网络的传播和网络公司的形成与发展过程一样，网络平台把中西方的网络就业情况拉到同一水平，这为研究提供了良好的对比基础。

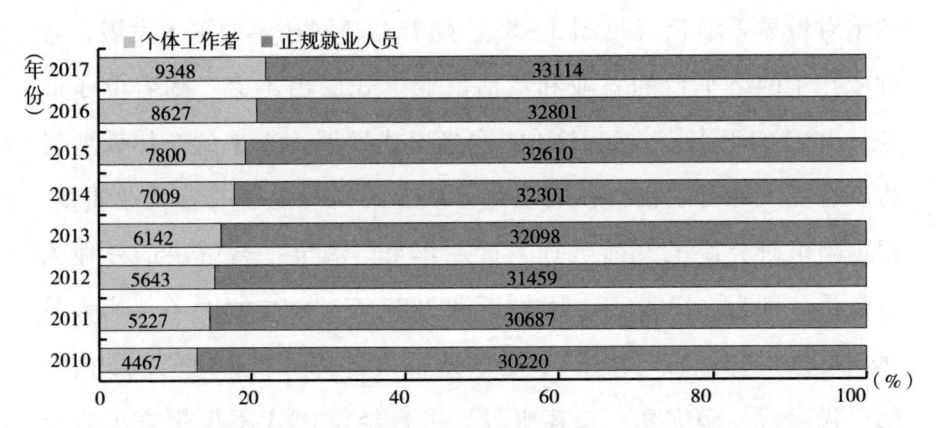

年份	个体工作者	正规就业人员
2017	9348	33114
2016	8627	32801
2015	7800	32610
2014	7009	32301
2013	6142	32098
2012	5643	31459
2011	5227	30687
2010	4467	30220

图 3-8 2010~2014 年城镇正规就业和城镇个体就业人数（万人）

资料来源：笔者根据 2010~2014 年历年《中国统计年鉴》整理所得。

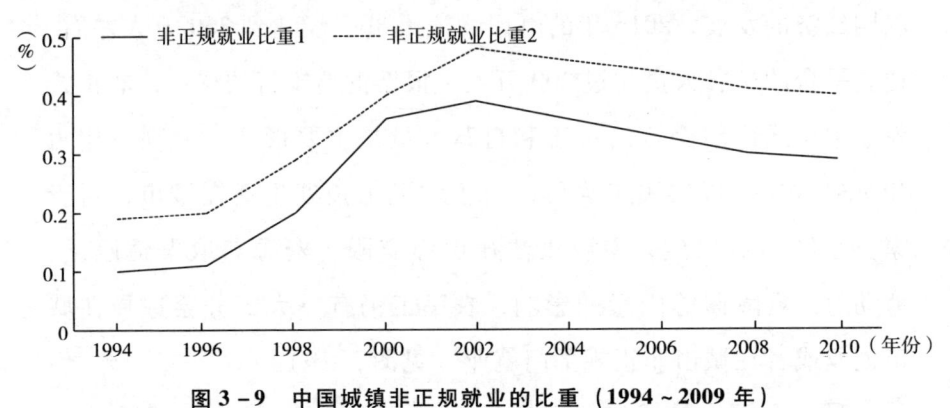

图 3-9 中国城镇非正规就业的比重（1994~2009 年）

资料来源：陆铭、欧海军：《高增长与低就业：政府干预与就业弹性的经验研究》，《世界经济》2011 年第 12 期，第 19 页。

在网络就业平台上，不同技能劳动者也在发生不同程度的分化，并形成一定的"主要劳动力市场"与"次要劳动力市场"。以淘宝网为例，从 2013~2014 年与 2014~2015 年的对比可见，淘宝网店店主中，低技能劳动者、中等技能劳动者、高技能劳动者的增幅分别为 0.6%、4.3%、-4.6%。淘宝平台为大量在传统市场上无法获得就业机会的劳动力提供了相对稳定的就业机会。以残疾人为例，淘宝平台为超过 10 万名残疾人提供就业岗位，创造了"云客服"、网络接单等他们力所能及的工作岗位（见图 3-10）。同时，网络就业市场上出现了部分主动从传统劳动力市场上退出的中等技能劳动者，他们掌握一定的互联网使用技巧，并善于发现新的商机，也逐渐占据更多的网络就业岗位。同时，网约车平台作为"共享经济"的代表性平台，也呈现了类似的情况，即网约车平台上主要是中低技能劳动者，其中，低技能劳动者和中等技能劳动者占比分别为 11.8% 和 43%。可见，网络平台与传统就业市场上存在显著的劳动力技能结构差异，网络市场上出现一定程度的聚合现象，即中等技能劳动者占比显著增长（见表 3-5）。

图 3-10 淘宝网店店主的技能水平占比

注：低技能指初中及以下学历；中等技能指高中（含中专、技校）；高技能指大专（含高职）、大学本科、研究生。

资料来源：笔者根据阿里研究院《网络创业就业报告》（2014~2016 年）数据重新整理所得。

表3-5 2016年中国网约车平台的就业情况

单位：%

年龄	Uber		滴滴	受教育程度	Uber		滴滴
	兼职	专职	总量		兼职	专职	总量
24岁以下	3.8	5.0	4.38	初中及以下	11.8	24.2	22.95
25~34	42.5	44.9	44.66	高中阶段	43.0	55.1	45.51
35~44	39.0	33.3	33.85	大专	27.2	15.5	19.17
45~54	13.0	21.4	15.84	本科	16.3	5.2	10.67
55~64	1.7	1.9	1.27	硕士及以上	1.3	0	1.71

数据来源：Uber就业数据来源于中国人民大学劳动人事学院《平台经济与新就业形态：中国优步就业研究报告（2016）》；滴滴就业数据来源于中国人民大学劳动人事学院课题报告，2016。

3.3.2 工作方式重塑

从人类历史发展的角度看，工作方式的变革是经济和社会发展的产物。工作方式的革命不仅是劳动者就业选择的发展与变动，更涉及经济、社会、法律等多个方面，关系到当代劳动关系体系、劳工保障体系的演变。2017年年底的中央经济工作会议明确指出，"中国特色社会主义进入了新时代，我国经济发展也进入了新时代，基本特征就是我国经济已由高速增长阶段转向高质量发展阶段"，因而，改善劳动力市场环境，优化劳动供给侧结构，不断推进工作方式的革命，是创造美好生活环境、构建和谐社会、促进经济高质量发展的重要内容。工作方式的革命与经济社会发展密切联系，与劳动者福利息息相关，并受到劳动力市场和劳动者自身条件的制约。改革开放40年来，中国经济取得了举世瞩目的成就，已经成为世界第二大经济体，并正在向高收入国家迈进。随着产业结构和社会观念的转变，劳动者的工作方式正在发生快速变化，一部分劳动者实现了更高质量的就业，另一部分劳动者则在工作方式变革中被边缘化。

1. 工作方式的概念

工作就是劳动者通过劳动（包括体力劳动和脑力劳动）将生产资料转换为生活资料以满足人们生存和发展的过程。一般而言，可以认为工作即劳动生产。劳动对人和人类社会的形成和发展具有决定意义。马克思指出，"劳动首先是人和自然之间的过程，是人以自身的活动来引起、调整和控制人和自然之间的物质变换的过程"。人力资本理论认为，资本不仅体现为物质资本，也体现在人身上的资本，这种投资不仅可以通过学校教育来完成，也可以通过在职培训、"干中学"等工作过程得以实现。工作方式是指劳动者对社会经济变革、技术变革等外部环境，以及受教育程度、健康状况等自身条件综合评估后，对工作地点、工作时间、工作内容、工资待遇等因素的选择结果。工作方式的革命是随着社会经济发展而展开的群体性变化过程。马克思认为"劳动创造了人本身"，劳动使人手专门化，从而导致工具的出现，使人由动物界分化出来。正是制造工具的有意识的活动，把人类劳动同动物本能式的劳动区别开来。人类劳动成为运用自己制造工具的有意识、有目的、有计划地改造自然的社会实践活动。人类在自我进化过程中，逐渐经历了从直立行走到使用工具的基本过程，又经历了从工具使用到农耕，从农耕到工业作业，从工业作业到智能作业的全过程。在此过程中，人类一次次经历工具精巧化和智能化的升级，工作方式也发生了重大变化。18~19世纪，西欧与北美工业革命爆发，技术变革带来经济迅猛发展，规模化生产开始形成，"产业工人"的出现宣告了产生于原始社会的自给自足型生产方式以及产生于封建社会的人身依附型生产方式不再占据统治地位，雇佣型生产方式逐渐兴起并成为主要的工作方式。随着个人计算机、互联网、人工智能的出现，人类的身体形态和自我意识发生重大变化，人类逐渐从大型机械的束缚中挣脱出来，有更多的时间和精力追求自我需求和闲暇娱乐。同时，人类的工作方式也面临人工智能和智能化的严峻挑战，人类也面临成为"无用阶层"的困境。

工作方式的基本类型是指，按照一定的规则、标准及方法，按照工作方式的性质和特点划分出来的不同类型。工作方式的基本类型定义各不相同，具体而言，大致可以分为以下几类。

第一，按照职业类别来分，工作方式的基本类型与职业种类大体一致。根据《中华人民共和国职业分类大典》来看，我国的职业分为8大类，66个中类，413个小类，1838个细类。2019年4月，人力资源和社会保障部、国家市场监督管理总局、国家统计局发文对职业种类进行补充增加，正式向社会发布了人工智能工程技术人员、物联网工程技术人员、大数据工程技术人员等13个新职业信息，这是自2015年版国家职业分类大典颁布以来发布的首批新职业（见表3-6、表3-7）。

第二，按照产业类别来分，工作方式的基本类别与不同的产业种类保持一致。一般而言，工作方式可以划分为三类：第一类为从事农业、林业、牧业和渔业等利用自然资源为主的第一产业工作；第二类为从事工业和建筑业等将自然物改变为人造物的第二产业工作；第三类为从事流通和服务业等提供各类服务的第三产业工作。

表 3-6　我国职业分类表

类别	具体内容
第一大类	国家机关，党群组织，企事业单位的负责人
第二大类	专业技术人员
第三大类	办事人员和有关人员
第四大类	商业、服务业人员
第五大类	农、林、牧、鱼、水利业人员
第六大类	生产、运输设备操作人员及有关人员
第七大类	军人
第八大类	不便分类的其他从业人员

资料来源：《中华人民共和国职业分类大典》。

表 3-7　新职业名称（2019 年）

序号	职业编码	职业名称
1	2-02-10-09	人工智能工程技术人员
2	2-02-10-10	物联网工程技术人员
3	2-02-10-11	大数据工程技术人员
4	2-02-10-12	云计算工程技术人员
5	2-02-30-11	数字化管理师
6	4-04-05-04	建筑信息模型技术员
7	4-13-05-03	电子竞技运营师
8	4-13-99-00	电子竞技员
9	4-99-00-00	无人机驾驶员
10	5-05-01-02	农业经理人
11	6-25-04-09	物联网安装调试员
12	6-30-99-00	工业机器人系统操作员
13	6-31-01-10	工业机器人系统运维员

资料来源：中华人民共和国人力资源和社会保障部官网。

第三，按照工作环境的不同，工作方式可以分为蓝领工作和白领工作。白领工作（white - collar work）是相对于蓝领工作（blue - collar work）而言的，主要是指有较高受教育水平、丰富工作经验和稳定收入的非体力劳动者，如公务员、教职人员等。其中，白领工作主要对应知识工人，德鲁克（Drucker）指出，知识工人是掌握和运用符号和概念，即利用知识或者信息进行工作的劳动者。知识工人不同于一般劳动者，他们以知识的获取、传播、应用、创新为主要工作内容，其工作强度要高于一般工人，除此之外，知识工作者还具有其特殊性。①知识工作者对生产资料的依赖性更低，流动性更强。与依附于机器和工厂的普通工人不同，知识工人储备了更高技能的人力资本，这种依存于劳动者内部的不可替代性资本使得他们成为昂贵的稀缺资源。知识工人凭借较高的知识储备量以及知识运用能力提升了与资方之间的工时议价能力。②知识工人具备自我控制和自我管束能力。知识工人一般素质较高，自主工作和自主创造的能力较强，即便在缺乏监督和管理的情况下，依然具有强烈的工作动机，因为他们认为能够从高效率、高质量的工作过程中获得较高效用。

2. 理论分析

（1）时间配置理论。传统经济学分析认为，由于收入效应和替代效应的存在，工作效率的提高必然会导致工作时间的减少。Becker则指出，替代效应导致工作效率的提升和消费时间的抵消，工作时间的减少是因为费时产出品很少。机会成本主要由时间使用情况决定，所以要提高时间的使用效率和配置能力。传统经济学观点认为，工作方式的变革取决于理性经济人对于收入等显性成本的评估后做出的最优选择。Owen 则指出，每个个体都有闲暇的需求，我们不仅应当关注工作时间本身，也应当关注生存性工作和市场参与的时间配置，学会在工作和闲暇之间寻求平衡。时间配置理论认为，家庭既是生产者又是消费者，全成本等于货币收入和取得效用所投入的时间和物品之和。Lucas（1988）也指出，个体的全部时间可分为三部分：一是工作时间；二是闲暇时间，包括睡眠、家庭活动等维持生存的必要型闲暇时间和旅游、文化、体育等享受生活型休闲时间；三是受教育时间，这部分时间主要用来形成人力资本。过度劳动会导致人力资本再投资受阻，而缩短工时则能激励劳动者进行人力资本再投资。如果一个劳动者把大部分时间用在重复性的生产工序上，会产生一系列的连锁反应。因此，工作方式的革命不仅有利于闲暇时间的增加，还会使得劳动者有更大的空间实现人力资本再投资决策，从而为技能偏向型技术进步的推进创造更有利的条件。

（2）心理规范理论。艾瑞里（2017）指出，我们同时拥有两个规范，即社会规范和市场规范。社会规范受道德约束，市场规范则是纯金钱交易。当人们在遵守市场规范的时候，往往会因为太重视金钱而抛弃了社会规范里一些美好的东西，从而做出非理性行为。工作方式的变革不仅受到理性行为的影响，也受到大量非理性行为的制约。随着观念的转变和工作货币化的泛滥，劳动者与雇主的"工作感情"变得单薄，工资等市场规范对劳动者的影响更显著，劳动者对于频繁跳槽或者追求不同工作方式的心理压力或者思想负担迅速降低。因此，劳动者从社会规范向市场规范的转化过程中，会主动寻求工作方式的变革。

(3) 劳动力市场分割理论。劳动力市场分割理论也被称为双重劳动力市场模型,是美国经济学家多林格尔和皮奥里于20世纪60年代提出的。该理论是指,社会和制度性因素的作用,导致劳动力市场的部门差异,不同人群获得劳动力市场信息以及进入劳动力市场渠道的差别,导致不同人群在就业部门、职位以及收入水平上的明显差异。在美国等西方发达国家,劳动力市场分割主要呈现在种族和性别等方面。在中国,劳动力市场分割则主要呈现在城市和农村之间的制度性差异,即城乡二元劳动力市场结构。因此,中国的工作方式革命是劳动者主动选择和制度壁垒共同作用的结果,在实践中也会出现一定的悖论现象。比如,在主要劳动力市场中,工作方式相对轻松的脑力劳动者反而工作时间更久,面临"过劳死"等意外风险的概率更高,"隐形加班"等无薪工作周期更长[①]。同时,在次要劳动力市场,"自愿加班"是人力资源在经济发展特殊时期所处的一种就业状态。在不同国家收入倍增的历史时期,"自愿"加班的劳动者都曾经占据相当比率。

3. 影响因素

(1) 劳动收入的增加。改革开放40年来,中国创造了人类历史罕见的"增长奇迹"。从1978年到2017年,中国的国内生产总值从2165亿美元增长到12.24万亿美元,居世界第二位,年均增速超过9%。同时,到2017年,按照美元计算,中国人均GDP达到8826美元,城镇和农村居民收入的年均增速接近8%,中国已经成为一个中等偏上收入的国家(李实、朱梦冰,2018)。

---

① 部分承担知识传播和知识创造的劳动者需要在规定工作时间之外进行非标准化劳动,这种劳动时间是无法计量的,如大学教授、科研人员等。

按照国际组织的数据，1980年，在148个国家中，中国人均GDP 312美元，排第130位。2017年，在232个国家和地区中，中国人均GDP排位上升到第70位。中国劳动者的"钱袋子"慢慢鼓起来。然而，我们应当看到，历史上主要的发达国家和地区的居民收入都不是线性的、渐进式的增长，无一例外地出现了收入倍增期。美国居民收入水平从1967年的3254美元上升到2005年的34471美元，年均递增6.4%；经过1961~1970年10年的发展，在"国民收入倍增计划"政策影响下，日本国民收入的实际年均增长率达到11.5%；1970年，法国人均年收入为9290欧元，2008年达到1.9万欧元，翻了一番。根据近几年的宏观经济指标可以看出，中国的人均GDP增长已经从收入倍增期过渡到收入稳定期，人均GDP增速放缓，劳动者在进行工作方式选择过程中对于工资性收入等物质性因素的考虑在减少，对于心理满足等非物质性因素的考虑在增加。

（2）心理预期的变化。随着收入的增长和收入差距的缩小[1]，劳动者对于工作本身的价值认同变得更加重要。工作方式的转变更多地源于工作带来的尊重与自我满足。社会学家和经济学家分别从人的物质需求、精神需求和社会经济发展需求角度探讨了工作价值，两者都指出，未来工作方式的转变更多地源于对高质量工作环境、良性工作时间等工作品质方面的认同感。工作不再仅仅是国家财富积累和家庭生活质量提升的手段，而是供大众享受的"趣味品"。

---

[1] 根据学者（李实和朱梦冰，2018）的判断，未来10年，中国居民收入差距可能会保持缓慢下降的趋势。

(3) 人力资本水平的提升。人力资本理论认为，20 世纪以来，经济增长的重要动力源于人力资本水平的改善。2000~2015 年，中国的人均受教育年限从 7.62 年增长到 9.13 年，万亿之城①的人均受教育年限从 8.78 年增长到 10.35 年，人均受教育水平不断提升。人力资本的提升改善了人力资本结构②，促使高技能劳动者主动追求更高品质的工作，并通过群体形成"传导效应"，使得对更加美好生活的追求深入人心。方福前和祝灵敏（2013）指出，一个经济体在其发展的早期阶段，主要依靠体能资本和专用性知识资本促进经济数量上的增长和赶超，之后主要依靠通用性知识资本实现质量型经济增长。王永水和朱平芳

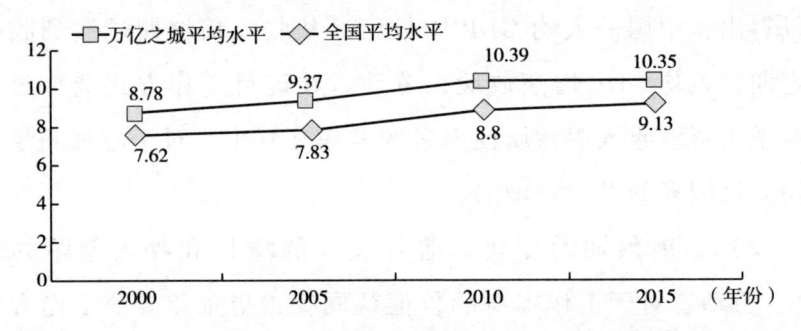

图 3-11 中国人均受教育年限变化趋势（2000~2015 年）

资料来源：2000 年数据来源于《2000 年人口普查分县资料》，2010 年数据来源于《2010 年人口普查分县资料》，2005 年和 2015 年数据根据各市全国 1% 人口抽样调查数据统计公报整理得到。

---

① 万亿之城是指当年 GDP 总量超过 1 万亿的城市，截止 2017 年，全国共有 14 个万亿之城。数据中统计的总人口和各种受教育程度人口均指常住人口。但是，人口普查数据中统计的是 6 岁及以上人口，而 1% 人口抽样数据覆盖了全部常住人口。

② 人力资本结构是指掌握不同信息、技术等的获取、使用等能力的个体在群体中的分布，既包括物质性的人力资本结构，也包括外溢性和精神性的人力资本结构。然而，由于精神性指标难以获取，一般认为人力资本结构是指不同人力资本存量在群体中的分布状况。刘智勇等（2018）提出"人力资本结构高级化"的概念，即通过人力资本结构的调整，改变现有的低级人力资本和高级人力资本的比重，使得高级人力资本占比逐渐提升以适应产业结构升级后的经济发展需求。

(2016）认为，由于人力资本结构效应的存在，经济增长趋缓态势因技能型人力资本的提升而弱化，进一步加大技能型人力资本培育是实现长期经济增长的关键。

（4）健康和家庭因素。随着机器引擎的全面开启，从工业革命到当代的劳动者都面临过度劳动问题，并伴随着各种健康和家庭问题的出现。恩格斯（1957）指出企业大量雇佣女性劳动者，母亲无暇照顾孩子，在这种条件下成长的孩子缺少亲情关怀，对家庭冷漠，缺乏责任感。一方面，随着医疗技术水平的进步，人类的平均寿命将延长。联合国预测，2019 年全球人口的平均寿命为 72.3 岁，未来 10 年将延长 2 岁，到 2030 年达到 74.3 岁。平均寿命延长将使得人口总数增加，预计到 2050 年全球人口总数将比 2017 年增加 29%，达 98 亿人①。另一方面，人类的疾病发病率也在迅速提升。2015 年世界卫生组织公布，全球癌症的发病率和死亡率正在呈迅速增长之态。《2018 年全球癌症统计数据》指出，整体来讲，2018 年，估计接近一半的癌症新发病例和超过一半的癌症死亡病例发生在亚洲地区。相比于其他国家，我国癌症发病率、死亡率均为全球第一。在 1810 万新增癌症病例中，我国占 380.4 万例；在 960 万癌症死亡病例中，我国占 229.6 万例（赖德胜，2014）。② 健康和家庭因素对工作方式的影响已经非常突出。

---

① 联合国报告：2050 年全球 65 岁以上人口占比将达 1/6。http://finance.sina.com.cn/roll/2019-04-04/doc-ihvhiewr2981060.shtml. 2019-04-04.

② Freddie Bray. Jacques Ferlay. Isabelle Soerjomataram. Rebecca L. Siegel. Lindsey A. Torre. AhmedinJemal. Global cancer statistics 2018：GLOBOCAN estimates of incidence and mortality worldwide for 36 cancers in 185 countries [J]. A Cancer Journal for Clinicians，2018，12，68（6）：394-424.

（5）时间配置能力增强。在现实生活中，我们每个劳动者都需要在工作与闲暇之间进行时间配置决策，都希望在工作与闲暇之间找到适合自身的平衡点。国际经验表明，在一个国家或地区人均收入水平较低的经济发展早期阶段，劳动者愿意为了提高收入、增加工作时间而放弃闲暇时间；然而，当人均收入提高到一定水平后，劳动者对闲暇的偏好就会变强，这时只有面对极强的激励时，才愿意增加工作时间。工作时间延长是大部分国家在经济快速发展过程中的特征之一，几乎每个国家在从贫穷到富有的发展史中都出现过劳动者工作时间过长、挤占闲暇活动的现象。这一特征在第一次工业革命时期尤其明显，工作时间往往与"剥削""反抗"等关键词相联系。在当时已经跨入资本主义阶段的国家中，超负荷工作、透支劳动是劳动者工作方式的最重要特征。而工作时间的大幅减少现象则主要出现在第二次工业革命爆发以后。从19世纪70年代到20世纪90年代，英国、美国、法国、德国的人均年工作时间下降幅度均超过了40%。其中，英国作为工业革命爆发地，人均年工作时间从2886小时下降到1490小时，下降幅度将近50%；第二次工业革命的主要根据地美国和德国的人均年工作时间分别从2964小时、2941小时下降到1589小时、1563小时，下降幅度均超过了45%。对于中国这样一个高速发展的经济体而言，随着人均收入水平的提高，时间的经济价值不断提升。但是，劳动者还普遍存在过度劳动的问题，加班现象严重，"996"工作制①现象备受指责。然而，随着劳资双方

---

① "996"工作制即工作时间从早上9点到晚上9点，每周工作6天。根据"996"工作制来计算，劳动者每周工作时间高达72小时，远超《劳动法》的规定。

关系的调整，工作与闲暇的时间配置趋于合理。一方面，技术进步和劳动生产率的提高，使得积累同样的财富只需要更少的劳动时间，这使工作时间缩短成为可能。另一方面，闲暇具有"配置改进"效应。闲暇时间既是消费要素也是生产要素，这取决于个体所处的闲暇状态。作为生产要素的闲暇时间展现出配置改进效应：闲暇中的生产性活动类似于工作中的生产性活动，对产出有正向作用，于是，闲暇时间中高效的生产性活动通过改变要素投入结构，便可以形成对产出的帕累托改进。延长工作时间不再是为了提升收入，而单纯出于个人兴趣。

4. 发展趋势

目前来看，影响工作方式的职业类型主要集中在第二产业，第三产业比重较小，仅占实际职业总量的8%左右。知识型与高新技术型职业较少，现有职业结构中，属于知识型与高新技术型的职业数量不超过总量的3%。2019年，人力资源社会保障部、国家市场监督管理总局、国家统计局公布的新职业主要集中在高新技术领域。第一，产业结构的升级催生高端专业技术类新职业。近几年，随着我国人工智能、物联网、大数据和云计算的广泛运用，与此相关的高新技术产业成为我国经济新的增长点。这对从业人员的需求大幅增长，形成相对稳定的从业人群。人工智能工程技术人员、物联网工程技术人员、大数据工程技术人员和云计算工程技术人员4个专业技术类新职业应运而生。这些新职业属高新技术产业，以较高的专业技术知识和能力为支撑，从业人员普遍具有较高学历。第二，科技提升引发传统职业变迁。随着新兴技术的应用，传统的第一、第二产业越来越智能化。工业机器人的大量使用，对工业机器人系统操作员和系统运维员的需求剧增，这使其成为现代工业生产一线的新兴职业。随着无人机技术的成熟，利用无人机完成一些人类难以完成的高难险和有毒有害工作成为可能。无人机可以进行植保、测绘、摄影、高压线缆和农林巡视，在物流等领域也拥有广阔的应用空间。大量无人机的使用，使无人机驾驶员成为名副其实的新兴职业。第三，信息化的广泛应用衍生新职业。信息化如同催化剂，使传统职业的职业活动内容发生变革，从而衍生出新职业，如数字化管理师、建筑信息模型技术员。随着物联网在办公、住宅等领域得到广泛应用，信息化与现代制造业深度结合，物联网安装调试从业人员需求量激增。近几年，在国际赛事的推动下，基于计算机的竞技项目发展迅猛，电子竞技已成为巨大的新兴产业，电子竞技运营师和电子竞技员职业化势在必行。在农业领域，农民专业合作社等农业经济合作组织发展迅猛，从事农业生产组织、设备作业、技术支持、产品加工与销售等管理服务的人员需求旺盛，农业经理人应运而生。随着就业形态的不断变化，未来的工作方式将会有以下八个方面的变化。

第一，工作平台化，平台工作替代固定办公场所。麦肯锡的报告表明，2025年，各种在线人才平台有望贡献约2%的世界生产总值，并创造7200万个就业岗位，"零工经济"发展增速明显。根据统计，阿里巴巴零售平台从2013年到2018年创造的就业岗位从962.47万个迅速增加到4082万个，平台就业机会大幅增长。随着互联网技术的深入发展，各种依托于网络平台的平台就业和灵活就业形式层出不穷。统计显示，欧洲拥有近1000万名自由职业者，美国有超过4000万的自由职业者。在美国，有

Elance、Freelancer、Guru 等提供自由职业者工作的平台；在中国，有猪八戒网、智城等平台。在平台模式上，其又可以分为 P2P 用工模式（如众包、众创等）和 B2C 用工模式（如滴滴专车司机等）。平台工作模式让劳动者从办公室工作的束缚中解脱出来，可以在不同的办公场所进行工作，比如车辆上、居住场所等，极大地解放了办公场所对于劳动者上下班时间、工作自由度的限制，提升了劳动者的工作积极性和满意度。从基本趋势来看，随着互联网的进一步普及，平台经济和灵活就业的趋势将进一步发展，其对于劳动力市场的分化趋势也愈加明显。随着电子商务从 B2C 的垂直模式到 C2B 网络状模式发展，未来的个体就业者将享有更大的自主权，劳动者亦能更加自主地选择办公场所。

第二，工作智能化，人工智能替代常规工作。马克思曾指出，机器的使命本来就不是让工人得到轻松，而是让资本对劳动力的开发和利用达到最大化，因此也就不难理解为什么机器的发明让工人的工作处境变得更坏了。作为矛盾的集合体，一方面，人类对于器械的纯熟使用让自己结束茹毛饮血的生存状态，另一方面，人类一次次地在与机器的较量中败下阵来，并在一些更加具有创新性和思考性的工作中发挥自己的优势。赫拉利悲观地指出，随着人工智能的快速发展，人类与人工智能之间仅存的优势也将不复存在。劳动者的分化将是不可避免的，不同于当下多数国家呈现的劳动力市场两极分化现象，在未来社会，只有掌握尖端技术的劳动者和无所适从的劳动者两种类型。同时，随着人工智能的发展，人类在认知能力和配置能力上的天然局限性将会凸显，人力资本的价值将被全面"碾压"。Stewart 等学者指出，由于技术可以轻易取代劳动力，体力劳动者将受到很大程度的损害，就业结构占比从1871年的23.7%下降到2011年的8.3%，而护理工作占比则从1.1%上升到12.2%。例如，阿迪达斯公司曾经的半自动生产线中60%的环节需要人工参与，但是在全新的"速度工厂"（speed factory）中，仅160名工人的年产量就可以达到100万双鞋。不仅如此，阿迪达斯公司通过成熟的3D打印技术，可以把运动鞋的生产周期压缩至1~7天，极大地提高企业的生产效率。目前来看，人工智能替代常规工作的主要障碍之一就是成本问题。大量工厂或者劳动密集型行业之所以仍然雇佣大量劳动力的原因主要是节约成本，随着智能制造成本的逐渐降低，智能化的大中型机械和精密设备将会替代一般性工作人员。随着智能化的发展，机器的边际投入显著递减，机器替代普通工作人员的可能性正在增长。以互联网为例，在互联网发展初期，宽带接入成本非常昂贵，随着宽带接入的空间占比增加，互联网铺设成本迅速降低，互联网的普及率呈几何级数增长，随之而来的是电子商务的突飞猛进。因此，未来工作将会进一步向智能化方向发展，人工智能会进入大量中等技能和低技能的工作领域。

第三，工作品质化，工作质量影响工作方式的选择。十九大报告中，习近平同志指出"就业是最大的民生。要坚持就业优先战略和积极就业政策，实现更高质量和更充分就业"。瑞士洛桑管理学院发布的《2017年度世界竞争力报告》显示，在全球最具竞争力的经济体中，中国从2016年的第25位跃升至第18位，其中，"就业"分指数排名位列全球首位。"就业质量"一词最早是由国际劳工组织提出的"体面劳动"（Decent Work）一词演变而来，是指不仅要保证民众的基本就业（工资水平、社会保障等），还要进一步优化劳动力市场的总体环境。我国的就业环境在过去十年得到了长足发展，劳动力市场的制度建设、社会保障体系的覆盖范围、低技能劳动力的技能改善等都得到有效提升。然而，一定程度的同工不同酬、工作时间超时等直接影响劳动者效率的不和谐因素仍然存在。苏丽锋选用15个评价指标①，从总体和分群体两大方面对个人就业质量进行了比较研究。结果发现，我国就业质量总体水平有待提高，就业质量的性别差异并不明显，但户籍差异较大，而且有随学历升高而逐渐增加的趋势。所有制方面，国有部门的就业质量比非国有部门更高，且差异非常明显，不同行业、职业间就业质量差异小于不同所有制之间的差异，但影响因素存在相似性。赖德胜和石丹淅也指出，当前我国就业质量呈现出明显的区域特征，即东部优于西部，西部略好于中部，但就业质量的整体水平不高。随着工作方式的转变，劳动者不仅关注就业工资，也开始关注生活的品质化影响因素，比如，社会保护、职业发展、员工关系、培训机会等跟工资质量密切相关的指标因素。对于工作质量的追求，不仅体现在收入水平较高的高收入劳动者当中，也体现在为城市发展贡献重要力量的广大农民工当中。根据约翰·奈特等学者的研究，我国城市内从事二三产业的农民工数量2015年至2020年增加6700万，农民工入城规模呈逐渐增长态势。根据统计，截至2017年，1980年及

---

① 分别为：劳动报酬、就业稳定性、社会保护、职业发展、工作生活平衡度、社会对话、员工关系、劳动安全、劳动合同、培训机会、工作强度、工作与专业匹配度、加班及待遇、工资发放、职业受尊重程度。

以后出生的新生代农民工已经占农民工总量的近半数，新生代农民工逐渐成为农民工大军的"领军者"。新生代农民工在就业行业、专业技能、思想观念等方面与上一代农民工有重大不同。相对于老一代农民工，新生代农民工在价值追求和就业动机方面都有很大不同，新生代农民工更在乎就业质量。

第四，工时缩短化，工作和闲暇关系发生转变。据统计，1870年以来英国、美国、德国、法国都减少将近一半的工作时间，从每年工作2800小时左右下降到1500小时左右。与国际经验一致，改革开放40年来我国劳动者的工作时间也呈现不断缩短的趋势。虽然有的地方仍然存在大量加班加点、通勤时间过长、超时低收入等问题，但是总体而言，我国在性别工时、行业工时、职业工时异质性上都有所改善。劳动者的工时逐渐缩短，闲暇时间逐渐增多。从城镇劳动者工作时间构成情况来看，周工作时间在40小时以下的就业人员占比约10%，受经济周期的影响，不同年份出现短期波动，但整体变化不大。从行业角度来看，金融业从业人员的年平均工资接近9万元，为各行业之首，但其周工时仅为41.9小时。这意味着金融业的员工享有行业间最高工资，只需付出很短时间的劳动投入。伴随着工时的缩短，劳动者通过进行人力资本再投资、改善家庭关系、促进亲子关系、休闲旅游等方式进行闲暇时间的支配，不仅有利于提升时间配置能力，也有利于提升创新能力，进而激发工作热情，提升劳动生产率。赖德胜指出，工作时间的缩短与许多因素相关，工作时间缩短的前提是劳动生产率的提高。工作时间缩短与劳动生产率呈反比，即劳动生产率越高，工作时间越短。未来可能每周不需要工作 40 小时，也不需要工作 25 小时。正如马克思所预测的，随着人力时间的经济价值不断提高，实现每个人的自由而全面的发展，工作已经不再是强制性的，而成为一种奢侈品。

第五，工资灵活化，计时工资和计件工资的新变化。工业革命的到来摧毁了人类几千年形成的劳动方式，以机器取代人力，以大规模工厂化生产取代个体手工生产，劳动与工资之间的关系逐渐固定，雇佣与被雇佣的劳动关系开始成为社会经济关系的组成部分。在改革开放初期，我国通过招商引资建立大量劳动密集型产业，并因此确定了相对稳定的月工资制度。随着中国产业结构升级，中国已经从"Made in China"向"China Made"转型，原有的固定工资模式已经不适应社会经济的变化发展。目前中国已经处在"工业化后期"，制造业面临的是，企业的绿色智能化升级对于劳动力市场的供给产生较大影响。同时，中国对于高端服务业的需求日益增长，制造业和服务业对于劳动力市场的灵活稳定性都有更高的要求。灵活化的核心就是希望通过放松管制、减少政府和工会对劳动力市场的过多干预，激发劳动力市场的活力，带来更加多元化的就业，以及更加体面的工作。许多 OECD 国家都使用临时性工作和工作时间的灵活性来应对劳动力市场上工作岗位减少的困境。为了提高劳动者工作积极性和提供更多就业岗位，德国政府为劳动者提供了更多的接近最低工作时间的兼职工作或者迷你工作。德国兼职工作主要由女性劳动者从事，占兼职工作总量的 79%，有效地解决了女性就业的难题。因此，基于"弹性工作组织""工作分担""家庭办公"等雇佣制度变革的灵活工资制度，将会成为未来工作方式变革的重要方向。通过政府主管部门以及劳资双方的协调机制，建立新的基于灵活性的计时工资和计件工资将会成为发展趋势。

第六，外包普遍化，团队替代单位成为趋势。随着知识经济的崛起，企业技能外包的情况逐步增多。德勤公司在《2016年全球人力资本趋势》中指出，为应对数字化技术、商业模式和劳动力人口的快速变化，满足不断增加的人才需求，企业组织需要不断学习和整合并充分利用兼职和临时雇员。兼职和临时雇员是当前劳动力市场新生的用工模式，企业组织需要更好地利用和整合外部雇员力量提升组织效率和盈利率，需要通过灵活用工的方式引入外部技能更高的员工。从企业而言，"不求所有，但求所用"成为创业企业的用工理念。创业企业通过和劳动者建立一种合作共赢、利益共享的劳动关系，来实现对劳动者的就业稳定性管理和职业发展管理。一方面，我国高等教育的扩张为劳动力市场，尤其是第二产业的转型提供了大量高技能人才储备；另一方面，传统的单一雇佣观念体系正在被打破，劳动者自愿加入某一团队，通过项目合作方式取得共赢已经逐渐替代传统的单位制的常规工作内容和方式。未来，我国劳动力将会进一步参与全球劳动力资源配置当中，依靠平台为全世界的机构工作，劳动力资源配置的全球化会越来越明显。

第七，兼职常态化，斜杠青年占比增加。工作方式转变的重要体现即劳动者兼职常态化，在城市大量斜杠青年出现，在农村农民兼业化日益普遍。随着社会经济的发展，"雇主与雇员"的关系发生变化，灵活就业带来的劳动关系的重大变化将是"劳动者技能"与"工资"之间的匹配，如果劳动者同时拥有多项技能，则可以寻求多层劳动关系,这是对传统劳动关系稳定性格局的重大挑战。从劳资合作方式而言,"众包,众筹,众扶,众创"模式和平台式就业打破了劳资双方通过签订合同,建立单一、固定的合作方式,改变了劳动依赖于被雇佣的模式,拓展了劳资合作的方式。大量劳动者利用互联网和移动技术快速匹配供需方,在稳定的全职工作之外,通过技能匹配的方式,获取适当的技能酬金,通过互联网等信息技术把自己的智慧、知识、能力、经验转换成实际收益。未来,劳动力市场更多的是灵活就业与弹性就业,固定的、终身的单一工作将被弹性的、多元的工作形态所替代。

第八,保障社会化,社会保障缴纳从单位到社会转变。社会保障制度的健全程度是影响工作方式变革的重要因素。首先,社会保障体系不健全是导致工人"自愿加班"的原因。"理性人"会规划个人的收入与一生的消费,如果社会保障体系不健全,他会考虑当前收入是否能满足未来养老、医疗、子女教育等刚性需求[1]。在次要劳动力市场,劳动者劳动生产力水平普遍低下,企业不给劳动者上保险、只上一部分保险、只上低水平保险的现象很多,劳动者预期未来收入不高,加班工作成为满足未来刚性需求的主要途径。其次,社会保障制度不健全严重影响新业态的健康发展和草根创业的热情。《网络创业就业统计和社保研究项目报告》(2013)指出,弱势群体在网络就业中占相当比例。19%的店主在开店前是失业人员,17.8%是大学生,农民占7%,残疾人达到0.9%。然而,42%的个人网店店主没有参加任何社会

---

[1] 尼尔森全球副主席Rick Kash在博鳌亚洲论坛2012年年会上的演讲,"亚洲中产阶级的兴起与消费变革"。

保险，32.7%的企业网店店主没有参加任何社会保险。"不了解""社会保险费用太高""外地户口"是网店店主未参加社会保险的主要原因。据统计，我国有超过 1000 万平台就业人员游离于社会保障体系之外。随着社会保障体系的逐渐完善，工作方式的保障体系主体将逐渐从单位过渡到社会。目前我国全面实施全民参保计划，大力推进工程建设领域参加工伤保险工作，参保扩面效果明显。截至 2018 年年底，基本养老、失业、工伤保险参保人数分别达到 9.42 亿人、1.96 亿人、2.39 亿人；全年三项基金总收入为 5.6 万亿元，同比增长 15.28%，总支出为 4.87 万亿元，同比增长 16.08%。社保卡持卡人数达到 12.27 亿人[①]。建立实施企业职工基本养老保险基金中央调剂制度，迈出全国统筹的关键一步。未来随着新经济、新业态从业人员职业伤害保障办法的建立和完善，大量新业态从业者的社会保障困境将会得到解决。同时，业已形成的低成本商业保险体系也有利于为新业态从业者解除后顾之忧。比如，淘宝保险携手泰康人寿向电商平台上的卖家、店员等群体提供名为"乐业保"的意外、医疗、养老等保障服务。

3.4 互联网时代女性创业与就业

互联网市场创造了人类新的需求，改变了人与人、人与世界互动的方式，越来越多的人开始承认互联网对于社会的重塑作

---

① 人力资源社会保障部通报 2018 年就业、社会保障等工作情况和 2019 年工作安排，http://www.gov.cn/xinwen/2019-01/24/content_5360956.htm#1，2019-01-24.

用，其中，一项重大的重塑就是女性在劳动力市场上的地位。

互联网时代，一种新的用工形式在流行，这就是"零工"。德勤公司《2016年全球人力资本趋势》的报告中指出，为应对数字化技术、商业模式和劳动力人口的快速变化，为了满足不断增加的人才需求，组织需要不断学习和整合并充分利用兼职和临时雇员。超过70%的人力资源高管（71%）认为这个趋势极为重要，这也宣告"零工经济"（the economy of short-term hire labour）时代的到来。兼职和临时雇员是当前劳动力市场新生的用工模式，企业组织需要更好地利用和整合外部雇员力量提升组织效率和盈利率，需要通过灵活用工的方式引入外部技能更高的员工。在人才分析中，一个明显的大趋势也开始呈现：企业需要利用外部数据。比如，利用来自社交网络平台的数据、人才流失率以及人口数据，从而预测劳动力趋势以及锁定顶级人才。"零工经济"也称为"共享经济"或"对等经济"。"零工经济"是与"全职工作"相对应的概念，是指由工作量不多的自由职业者构成的经济领域，利用互联网和移动技术快速匹配供需方，其主要包括群体工作和经应用程序接洽的按需工作两种形式。如果你有一项技能，通过网站或APP，就能找到愿意为之付钱的用户。自此，在全职工作之外，你也就新增了一项临时工作，这种经济形态被称为"零工经济"。如活跃在"猪八戒网"等网站上的人，被网民称为"威客"，这是英文"witkey"的音译，是指通过互联网把自己的智慧、知识、能力、经验转换成实际收益的人。美国的Uber，以及中国的滴滴、快滴、易到用车、神舟专车等，都是互联网专车的倡导者，同时也是"零工经济"的实践者。其意义在于,劳动者可以根据自己的选择,自由安排工作时间,接受不同的工作。在经济新常态下,"零工经济"对稳定就业具有一定的积极作用。麦肯锡的报告表明,2025年,各种在线人才平台有望贡献约2%的世界生产总值,并创造7200万个就业岗位,"零工经济"发展增速明显(叶健,2015)。互联网时代下的"零工经济"为女性提供了创业和就业的机会,增加了女性创业和就业的比例,拓展了女性创业和就业的平台和空间。但是,也有研究者认为,零工经济对经济增长没有什么作用,尽管表面上似乎为人们提供了更多的就业机会。伦敦大学劳动经济学家盖伊·斯坦丁(Guy Standing)称之为"危险无产阶级"。美国《福布斯》杂志则直言,"分享经济"不会创造任何经济增长,因为同时做几份兼职并没有提高劳动生产率,所有回报都是由更长时间的工作带来的。

同时,当前第二次全球性"平权运动"激发女性工作热情。一方面,女性在合意的文化环境下,所展现出的竞争意识是强烈的。女性的竞争意识虽然略弱于男性,但是合意的文化环境下,任何女性都会有强烈的竞争意愿和竞争能力;另一方面,全球展开广泛的平权运动,呼吁男女用工平等。世界经济论坛、世界银行等机构先后多次发表性别平等报告,指出全球在教育和健康等两性平等方面已经取得长足进步,但在经济参与和政治活动等方面还有待提高,各国也在积极改善女性的就业地位和就业条件。

1. 女性创业新优势

对于女性创业者来讲,创业相对于就业行为的主要区别在于:第一,创业活动让女性有了更多的就业机会,有大量研究证明,劳动力市场分割、岗位灵敏度、第二轮班等要素制约了女性在劳动力市场上搜寻到与其能力相匹配的工作的机会，而创业则没有这些制约，相反，创业给予女性更多的自由和发挥空间。在强调去中心化和情感体验为核心的信息经济时代，女性感性化、乐于分享等特性成为女性的创业优势，另外，由于女性在合适的工作岗位中面临更激烈的竞争，在过去的十几年，越来越多的女性转向创业，根据 The Global Entrepreneurship Monitor（GEM）的统计，2012年，全球67个国家的1.26亿女性正在开创或经营自己的新创企业。

全球女性创业发展指数（Gender—GEDI），综合、全面地评估了影响女性创业潜力的多个因素，涵盖创业环境、创业生态系统、创业意愿在内的30个指标，是世界上第一个全面识别和分析促进高潜力女性企业家发展条件的诊断工具。2013年的全球女性创业发展指数研究报告提供了17个国家的比较分析。2014年，又增加了13个国家，区域覆盖非洲、亚洲、欧洲、拉丁美洲和加勒比地区。这30个国家的总和，代表了世界66%的女性人口和75%的GDP。2014年，全球女性创业发展指数更关注高潜力女性企业家及影响创业潜力的因素。2014年，该报告对30个国家在30个指标得分的排名显示，美国获得83分，排在第一位，巴基斯坦获得11分，排在最后一位。排在前10位的国家依次是美国、澳大利亚、瑞典、法国、德国、智利、英国、波兰、西班牙、墨西哥。我国的女性创业发展系数得分为42分，排在第11位。这主要源于"大众创新、万众创业"的双创背景和国内日渐合理的商业环境。尤其我国当前的政策环境、经济环境和日臻完善的法律环境激发了女性的创业激情，坚定了女性参与创业活动的决心。

（1）消费中心主义为女性创业提供认知优势。互联网时代是消费时代，也是需求导向时代。从消费需求来看，我国的生活消费量主要集中在服装、母婴等领域，而这一领域正是女性创业者最擅长的商机。从淘宝网店主来看，淘宝女性创业者的领域主要是：美妆、母婴、服装、珠宝配饰、百货、箱鞋包六大领域[①]。在工业时代，经济发展以"规模经济"和"范围经济"作为基本的指导方向，而在互联网时代，经济和商业导向更加强调精准定位客户。因此，女性所拥有的更加感性的思维模式更有利于服务于客户的个性化需求，强调借助于技术进步，尤其是日渐成熟的虚拟现实（VR）等技术帮助客户进行"分享体验"，这正是女性创业者的优势所在。

（2）低廉的技术和资本门槛让女性获得创业契机。传统经济靠大公司、高资本及高技术产品驱动，互联网经济则以信息为驱动源，以"分布式多元协同"为特征。政府为企业免费铺设电子通信设备，而创业者以近乎于零的技术投入成本进入创业领域，创业门槛降低。大量研究表明，现在的行业和职业藩篱正在被打破，部分女性创业者甚至进入传统的男性主导行业，传统的"职业天花板效应"正在消失。随着电商经济的成熟，女性创业者的年龄结构也在发生变化（见图3-12），传统的青年群体创业优势正在衰减，成熟劳动力市场上的女性正在大规模转向电商经济，成为独立经营的女性创业者。2014年，30~45岁年龄段的

---

① 数据来自阿里研究院《女性创业者报告（2015）》，http://www.aliresearch.com/blog/article/detail/id/20444.html。

女性创业者比例相较于 10 年前上升了 8 个百分点。

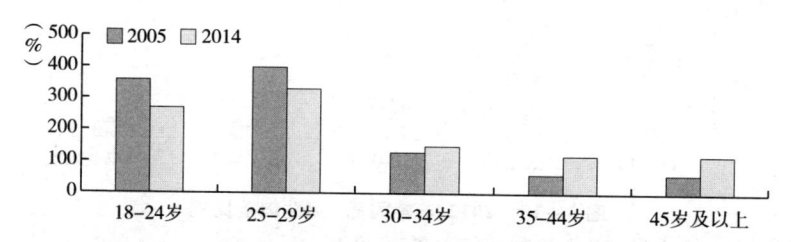

图 3 - 12　2005 年与 2014 年女性店主年龄分布情况对比

数据来源：笔者根据阿里巴巴研究院郝建彬《中国女性网络创业就业的富生态——以阿狸巴巴为例》的数据，重新整理所得。

（3）良好的社会环境有利于进一步发挥女性人力资本优势。我国的女性保护性立法工作远高于国际水平。随着社会的发展和各级教育领域女性的结构性优势发挥，越来越多的女性有能力投入创业领域。我国女性创业发展指数在东亚地区名列前茅，女性在社会地位和经济能力等方面取得显著进步。从图 3 - 13 可以看出，2012 年中国女性创业比例与美国持平，远高于法国、德国、俄罗斯，并且与中国男性创业比例相差不大，可见中国女性的创业环境适宜。与此同时，我国女性创业者的人力资本优势是非常明显的，女性创业者教育水平为大专、本科、研究生及以上的占比分别为：36.8%、33.8%、16.7%[①]，这与中国高等教育扩张密切相关，也为女性创业的未来提供良好的人力资本优势。阿里巴巴的报告也指出，2015 年，我国女性群体中，女性大学生群体的创业比例已经略高于非大学生群体，未来这种趋势将会更加显著。

[①] 数据来自阿里研究院《女性创业者报告（2015）》，http://www.aliresearch.com/blog/article/detail/id/20444.html。

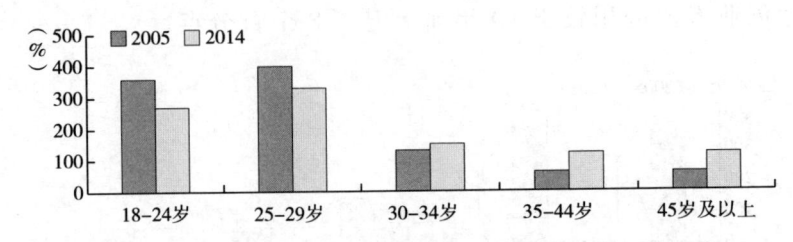

图 3–13　2012 年各国男/女性创业比例

资料来源：阿里研究院：《女性创业者报告》，2015。

（4）女性创业提高了女性的议价能力，改善了就业环境。创业者在挑选员工的时候，往往会看重雇员的忠诚度、专用型技能等。但是，由于初创阶段在薪酬、奖金、保险等生存性人力资源指标上没有优势，又有明显的高风险与不确定性，因此，创业型企业面临更高的人才流失可能性，这迫使其把更多的心思花在人员留任上。各种新型人力资源技能被创业公司开发并被更多的公司吸收并使用。近年来，越来越多的研究人员开始承认创业型的中小企业也需要人力资源管理，为了鼓励员工为企业创业做出贡献，并且提高他们的风险承受能力，企业通过设计合理的薪酬体系来营造创业氛围，并在一定程度上着力改善企业的"内创业人力资源管理"（陈鹏、刘保平，2015）。在公司发展阶段或者"蔓延"阶段，创业型公司的用人需求增多，当相当数量的创业型公司同时在劳动力市场上提供需求时，劳动力市场上对于某类劳动者就会出现供不应求的情况，女性劳动者的议价能力相应地就会提升，在薪酬上的可调节能力就会显现。同时，研究表明，女性创业者在人员招聘时会减少对于女性的就业歧视，在薪酬设计和制度管理上偏重于女性的特殊情况，有利于改善女性的就业环境。

(5) 互联网时代的"零工经济"或"分享经济"为女性提供更好的创业机遇和平台。研究发现，男性创业者和女性创业者都认为他们选择创业的原因之一，是希望可以更灵活地支配时间和自我兴趣，但是女性创业者相对于男性创业者则更强调自己独立生活的能力，并能兼顾家庭和工作。零工经济恰好满足女性工作时间自由、在创业的过程中能更好地兼顾工作和家庭的需求，因此零工经济对女性创业和就业更为有利。

(6) 互联网时代的女性创业正在满足"数字红利"和"性别红利"的双重需求。2016 年，世界银行在以"数字红利"为主题的《世界发展报告》中，正式提出了"数字红利"（Digital Dividend）这一概念，把"数字红利"定义为，由互联网的广泛应用而产生的发展效益。世界银行在这个报告中列举了多个案例，表明数字技术促进发展的重要意义，也特别强调了发展中国家、低收入群体也可以充分分享"数字红利"，认为穷人利用互联网可以极大地降低信息搜索成本，对获取就业机会和提高收入水平具有显著影响。在这个报告中，世界银行特别强调与数字变革密切相关的配套机制对"数字红利"的产生具有重要作用，但由于"数字鸿沟"仍旧广泛存在，互联网的广泛应用也产生新的挑战和风险，"数字红利"并没有随着数字技术的迅速普及得到同步实现。

在我国，互联网的快速发展促进了经济增长，创造了就业机会，并改善了服务，这些都是数字技术的最重要收益。随着数字技术在互联网以及手机的广泛应用，数字技术已经成为重塑经济、促进经济增长和社会发展的重要驱动力量。正在缩小和填补中国与 OECD 国家以及中国城乡之间的"数字鸿沟"和"信息鸿沟"。在显著缩小两类"数字鸿沟"的同时，中国已经在不同领域开始收获"数字红利"，更多民众享受到信息时代的"数字红利"。以 1995 年互联网商业化为起点，互联网经过 20 年的发展已经广泛渗透到世界各国经济社会发展的各个领域，这为发展创造了"红利"。具体包括企业信息化水平不断提高、数字技术领域的创新创业、以"平台型经济"或者"分享经济"为特征的电子商务的快速发展等（胡鞍钢、王蔚、周绍杰、鲁钰锋，2016）。而电子商务的快速发展，也为女性创业提供了重要的契机和发展的平台，使得创业女性充分享受到"数字红利"所带来的价值。

"性别红利"是国际上在企业管理和性别研究领域提出的一个新概念，意指女性充分参与经济活动能够显著拉动经济增长，为企业和社会带来稳定收益，是关于利用女性的技能和潜能来保障全球人民有更好的经济、生产力更旺盛的社会以及更幸福的人们的美好设想。世界经济合作与发展组织（OECD）研究表明，自 1995 年以来，因两性就业率差距的缩小带来欧洲总体就业率提高一半，年度经济增长率达到 1/4。再以日本为例，日本是经合组织国家中女性劳动参与率最低的国家之一，在 2010 年至 2030 年之间其劳动人口预计萎缩 15%，进而对该国的 GDP 增长造成不利影响。泛美开发银行的劳动力市场和社会保障部主任、劳动经济学家卡门·佩吉斯与首席社会发展经济学家克劳迪娅·派瑞斯于 2010 年合著出版了《性别红利：充分利用女性的工作》一书，使得"性别红利"一词得到广泛关注。世界经济论坛发布的一项报告显示，在对 134 个国家的研究中，较高的性别平等率与人均国民生产总值密切相关，这证明性别平等对更大的生产力、更成功的商业合作至关重要。女性的就业率如果能和男性就业率相匹配的话，GDP 的增长会增加 34%。其实，目前 186 个国家已经签署了《消除对妇女一切形式的歧视公约》。在中国，妇女的经济赋权得到高度的重视，在过去的 20 年里，中国政府采取系列措施促进妇女平等参与发展，平等分享发展的成果。正是在中国政府的关心和重视下，在全国妇女的奋发努力下，2010 年到 2013 年，中国农村贫困人口减少了近 8300 万，其中有一半为女性。互联网时代促使女性人力资本更快更广泛地流动。一项最近的盖洛普调查显示，"一份好工作"是世界各地人民都渴望的；但有历史意义的是，而今他（她）们表现出愿意为之流动的意愿，在女性身上表现得尤为明显。女性人力资本的流失，所隐含的风险是任何国家都承担不起的，因为这意味着该国家性别红利的消失。女性创业是女性参与经济活动的一种重要方式，互联网时代促使女性尤其是受过教育的女性产生创业激情，渴望经济自由，实现自我价值。勇气、包容心、分享精神、韧性以及平衡能力等，是女性具有的独特优势，常常为人们所称道，而女性的创造性和领导力尚没有引起社会足够多的关注（蔡双喜，2015）。如果有潜力的女性能够被纳入工作系统中，每个人都会受益，这是显而易见的。上海对外经贸大学法学院副教授蒋莱通过对国际性别红利理论的完整介绍，从红利的产出、持续和增长三个层面分析了性别红利与女性领导力的关系。她的研究发现，女性领导力是赢取性别红利的关键因素，并提出，在当下中国利用性别红利视角开发女性领导力的主要途径包括：建立性别均衡化的组织管理系统；鼓励新经济环境下的女性创业机会；发展男女两性共同承担家庭责任的家庭友好政策。中国发展研究基金会副秘书长方晋在《中国女性创业：释放增长新机遇》中也强调：中国女性企业家在过去20多年里迅速崛起，目前占企业家总数的1/4左右；约60%的女性企业家年龄在45岁及以上；绝大部分受调查女企业家拥有大学及以上学历；逾60%女性领导的企业在东部地区。

虽然，中国当前已经初步建立了扶持女性创业的政策体系，政府在未来还需要与私人部门及社会携手合作，不断优化有利于女性创业的外部条件和环境。但是，我国现阶段的创业扶持政策有待于强化性别视角，女性创业的重要性和潜力才能得以被充分挖掘。完善支持和促进女性创业的政策，会带来更大的性别红利，这使中国经济发展更具有包容性。

2. 女性就业新特征

（1）互联网提供更多的跨区域就业选择。相对于传统技术，互联网技术在没有折损丰富性的同时，提高了信息的影响范围。Autor曾指出互联网可能改善和匹配工作搜寻的方式。因此，互联网时代的女性就业将呈现更多跨区域、交叉定向流动特征。在信息闭塞时代，女性由于工作范围狭小，接触的工作类型单一，获得信息的能力相对更弱。在互联网时代，女性可以接触互联网和移动互联设备，获得更加充分的信息。不仅如此，互联网提供了更加充分和透明的就业信息。因此，女性可以利用互联网信息，获得更好的工作机会，提高更换工作和薪酬谈判的能力。

（2）灵活就业趋势将会成为女性就业的主要特征。近年来，随着就业平台越来越多，大量的劳动力主动从传统劳动力市场上退出来，借助各种网络电子商务、网上兼职平台等从事灵活的、自由的工作，成为有一定专业技能或者创意的"自由职业者"。这也就是前文中我们所提到的"零工经济"，不排除女性全职工作之外的兼职，但是此类情况占比较少。以淘宝为例，相较于2014年，2015年女性雇员的占比从40.5%上升到49.2%，上升比例近9%，灵活就业的增幅呈跳跃式发展。可见，这种灵活就业趋势有利于提升女性总体的就业地位，让一些在传统市场上难以就业的人员获得更好的工作报酬和就业机会。同时，让一些在传统市场上能够获得同等薪酬的女性就业者获得更加广泛的自由感和职业尊重，甚至更有利于女性平衡职业和家庭关系。但同时，我们应该注意，灵活就业也可能会使"兼职女性化"成为就业的新问题。"兼职女性化"是指女性大量地从事兼职工作，而无力在主要劳动力市场上与男性劳动力竞争的状态，是一种典型的就业歧视。随着互联网的发展，可能会由于信息使用能力、雇佣方筛选机制的完善等原因形成新的女性就业难题。

（3）"零工经济"或"分享经济"为女性就业多样化提供新契机。"零工经济"或"分享经济"时代不仅要求打破信息不对称，塑造信息文明，而且有了新的时代要求。第一，新的商业背景要求建立全新的信任机制，这种机制建设过程为女性提供新优势。随着《关于深化改革推进出租汽车行业健康发展的指导意见》和《网络预约出租汽车经营服务管理暂行办法》等网约车新规的出台，打车平台将走向更好的发展阶段。但同时，新的信任机制没有建立，大量负面新闻加剧了民众，尤其是女性民众，对于网络约车的不安和信任危机。因此，女性独有的性别优势为女性司机提供了天然的信任优势，有利于完善新的信任机制。以滴滴为例，滴滴从2015年开始逐渐为每天19点至次日凌晨3点出行的女性推出"女士专车"，全部由女性司机出车，收入和待遇高于一般司机，这是一种互利的平台信任机制。第二，互联网平台提供更好的动态优化规则，有利于制定更有利于女性的就业政策。传统的就业平台是由雇佣方制定就业规则，就业者缺少协商议价能力，且议价的沉没成本高昂。在"分享经济"模式下，就业规则不再是一成不变的，而是随着经济规模、市场需求、人口流量等不断调整，运用完善的大数据处理能力，动态的分析最优的平衡机制，建立平台、就业者和消费者三方共赢机制。随着政策的调整，必将出台更多适应女性消费者的服务，进而改善女性就业者的就业环境。第三，优化的人才结构为女性提供更多样化的就业决策。在传统的就业平台上，雇佣方往往掌握绝对的就业话语权，大量女性被排挤到次要劳动力市场，劳动力市场上的女性人才结构往往呈现不均衡的状况。以滴滴平台为例，滴滴近半数的专快车司机接受过高等教育，其中，专科/高职占比27.7%，本科占比18.3%，硕士及以上占比1.5%。这种人才结构远高于大多数传统行业，也高于绝大多数的兼职平台，是一种基于人力资源存量的新型就业模式。在此模式下，女性不但可以获得稳定的就业机会，而且可以分享就业机遇，提升就业能力，拓展就业领域，是一种"学习型"平台就业模式。世界银行2016年的报告显示，全世界的互联网等信息技术应用情况差距的扩大，将进一步拉大国家间的经济差距。在互联网时代，虽然女性的创业和就业有了一定的利好基础。但与此同时，隐性就业歧视并没有减少,相反,随着互联网平台的透明化和制度化,用人单位在招聘时掌握了更多就业者的个人信息,个人隐私和不利的就业条件不经意间都会暴露给用人单位,这类就业歧视政策更加难以获得《劳动法》等就业法律和政策的保护,这将是一个新的就业困境。此外,互联网时代的就业会进一步分化女性就业者,在传统的职业技能之外,增加一个新的技术技能,在女性就业者内部形成不可逾越的就业藩篱。

我们正在走向数字时代的交叉口,互联网时代女性的创业与就业核心竞争力在于满足数字红利和性别红利的双重需求。我们认为,在未来的十年左右,"数字红利"与"性别红利"很可能会出现交叉点,新时代的女性将会面临双重优势,如何把握这种时代的需求,迎接数字时代的新型淘汰模式,将是未来女性创业和就业是否能够走向更加开放和平等发展方向的关键所在。

3.5 小结

以互联网发展为基础的新经济为"新常态"的经济发展提供新的经济增长点和发展引擎。虽然有研究表明,到2050年,美国依托于"互联网平台"工作的从业者占整个劳动力市场的比重可能增加到40%。但是,现阶段ICT部门占整个劳动力市场的比重仍然偏低。根据麦肯锡全球研究院的报告,中美两国在云计算数据存储和处理技术的使用率上存在较大差距,分别为20%和60%。在IT投入领域,中国只有2%,仅为全球平均水平的一半[①]。从现

---

① 《经济学人:数字化程度低导致中国企业效率差》,http://tech.sina.com.cn/it/2014-08-04/11019533911.shtml,2014-08-04。

有文献来看，我们可以预测中国的新经济发展会有一个长期的提速期，短期内并不会因为经济增速减缓而受到重创。以美国为例，美国的信息化建设是在20世纪90年代末期开始加速的，与此同时，这个阶段也是美国出现高经济增长率、高劳动生产率和低失业率的阶段。随着智能化的发展，机器的边际投入显著递减，机器替代普通工作的可能性正在增长。以互联网为例，在互联网发展初期的宽带接入成本非常昂贵，随着宽带接入的空间占比增加，互联网铺设成本迅速降低，互联网的普及率呈几何级数增长，随之而来的是电子商务的突飞猛进。新技术带来短期失业问题，技术不可避免地缩减了传统行业的用工需求，但同时创造了大量的新行业。毫无疑问，技术进步会造成一些传统行业消失，并带来部分人员的短期失业问题，当下中国的国有企业改革也是受到互联网等技术进步发展的冲击。但是，从人类的长期发展来看，互联网的发展促进了就业岗位的增加。

总之，随着产业结构的变化、高等教育的普及化、农民工的群体结构转型及中国人口结构变动，我国的劳动力市场并没有随着互联网发展出现两极分化现象，反而为高技能劳动者提供更加丰富的就业机会和灵活的就业选择，这在一定程度上恶化了低技能劳动者的就业空间。然而，在网络平台上形成了一个独特的劳动力市场，这个市场结构与传统劳动力市场不同，大量中低技能劳动者在网络平台获得就业机会，并挤占高技能劳动者的就业空间。虽然短期来看，这种传统市场与网络市场的分割会持续下去。但是本书认为网络就业市场的这种格局会发生调整（见图3-14），即灵活就业市场会从第（四）象限转移到第（一）象限，扩大高技能劳动者的就业半径；正规就业市场上则会出现从第（三）象限转移到第（二）象限的现象，对于劳动者的技能要求会随着技术的蔓延而提高。本书将在接下来的几章中对互联网与劳动力市场的关系进行实证分析，并通过实证分析为"互联网发展没有导致中国出现劳动力市场两极分化现象"这一判断提供数据支撑和实证分析。

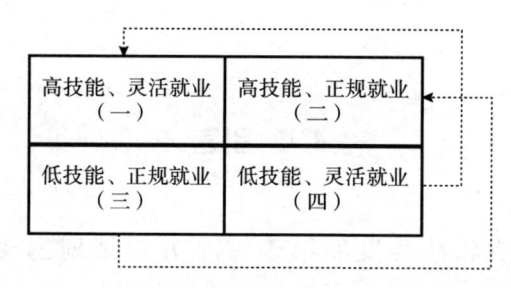

高技能、灵活就业（一）	高技能、正规就业（二）
低技能、正规就业（三）	低技能、灵活就业（四）

图 3-14 不同技能劳动者与就业形式的发展趋势

第4章 互联网规模与劳动收入

4.1 引言

《国民经济和社会发展第十三个五年规划纲要》中明确提出"拓展网络经济空间,实施网络强国战略,推动信息技术与经济社会发展深度融合"。由此可见,互联网对技术效率的积极影响将有效推动网络强国战略。然而,一方面,由于区域经济差异,互联网对技术效率的提升作用将存在显著区域差异;另一方面,技术效率和信息网络都存在空间溢出效应,这种空间溢出效应可能是扩散效应或回流效应。因此,深入检验互联网对中国各个区域技术效率的作用,有效发挥互联网对技术效率的提升作用及其空间扩散效应,有利于区域技术效率协同提升和区域经济协调发展。目前,在"稳增长、保就业"成为国家紧要任务和数字设施基本全覆盖的背景下,快速发展的互联网市场在释放信息技术资源的同时,能够拓展区域发展空间,兼顾效率与公平,降低区域发展的差异,重塑区域发展的格局,降低贫困发生率并提高就业收入。已有研究大多去分析信息技术对全要素生产率的作用，针对互联网规模对区域就业收入影响作用的研究相对缺乏。互联网规模对区域就业水平影响及异质性的研究，为中国制定区域针对性政策、拓展网络经济空间、实施网络强国战略提供重要参考。

关于互联网的研究视角有很多，互联网是无边界、无国家的技术产品，也是影响经济发展、产品更新等方面的重要平台。互联网时代的"全面性"和"去中心"特征有利于信息技术的全面发展，从而推动劳动力市场的全面匹配。互联网的传递模式从传统的"点—点"转变为"链条—链条"的模式，信息在空间范围内以一种近乎无限的方式全面传播，在传播过程中脱离了某个信息中心限制，这种新的信息传播模式在劳动力市场上正在改变斯蒂格利茨等经济学家假设的"信息不完善"问题。作为"思想的交媾"① 平台，互联网对于就业的影响是深刻的。根据"人本主义"的观念，"就业"并非市场经济的劳动价值体现，而是个体的基本权利，就像生命健康权利一样，"劳动"是个体的基本权利。随着农业占比降低和经济增长减速，经济增长和就业之间的关系在进一步减弱（蔡昉等，2014）。从产业结构调整角度看，中国将会着力发展技能偏向型的第二产业和就业容纳能力较强的第三产业。短期来看，这种转变有利于解决中国的就业问题，尤其是"结构性失业"问题。根据 Stewart 等的研究，英国在过去 150 年内的就业岗位增长了近两倍，虽然一些工作随着技能的转移在逐渐消失，但也有更多新的岗位产生。Stewart 等近

---

① 作家 Matt Ridley 将一项产品在市场调试过程中无数次的失败和调整的现象形象地描述为"思想的交媾"。

期的分析清晰地表明,由于技术可以轻易取代劳动力,体力劳动者[①]将受到很大程度的冲击,就业结构占比从1871年的23.7%下降到2011年的8.3%,而护理工作则从1.1%上升到12.2%。然而长期来看,随着技术进步,尤其是互联网的发展,未来的就业形势并不明朗。随着技术的进步,部分与技术关联程度较高的行业将会出现机器设备对工人的替代,随着中国东南沿海地区用工成本的显著上升,大量企业家们提出"用机器换人"的口号。随着机器成本的进一步减少,中国低技能工人的替代率会进一步提高。我们还应当看到,随着人口红利减少和农业补贴增加,新增农民工需求显著减少。人口流动失衡问题也将进一步增强。

按照国家统计局的标准,互联网行业包括互联网接入及相关服务、互联网信息服务、其他互联网服务三部分内容。根据中国经济增长前沿课题组(2014)的统计,2012年,我国信息传输、软件和信息技术服务业的人力资本集中程度为1.651,高于国际水平,是典型的"智力型"行业。根据阿里巴巴和中国就业促进会的报告,2013年到2015年,淘宝平台的就业岗位从962.47万增长到3083万,增加了220%(见图4-1)。

4.2 计量模型与数据说明

4.2.1 模型设定

本节借助于 Acemoglu & Finkelstein、Lewis、Akerman et al.

---

① 体力劳动者包括清洁工、家庭仆人、其他劳动者(包括农业工人、建筑工人、工厂技工和一般劳动者)以及矿工。护理职业包括健康教育者、儿童护理者、福利职业者和保姆工。

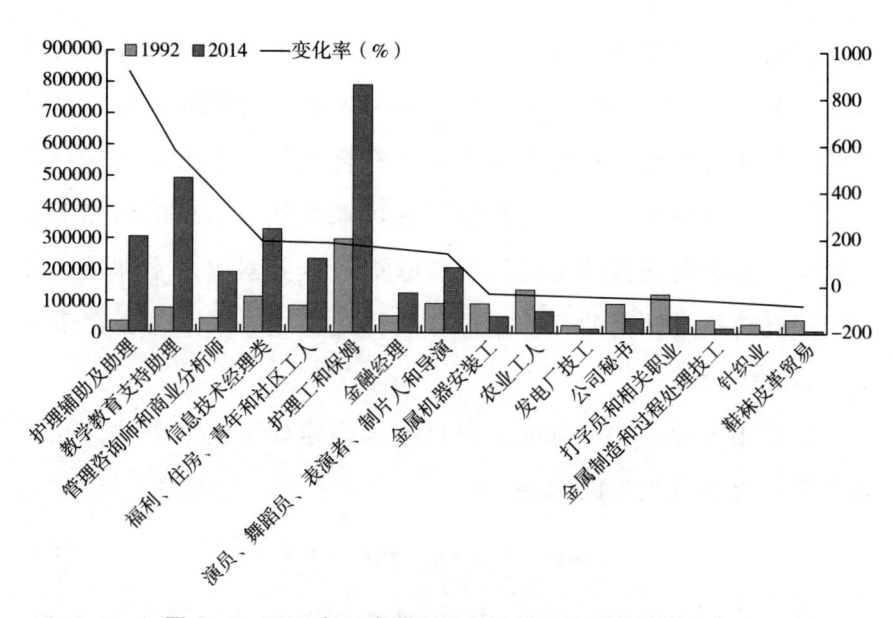

图 4-1 1992 年以来英国增长最快和缩减最快的职业

资料来源：Ian Stewart、DebapratimDe、Alex Cole：《机器取代人？从 150 年数据看技术对就业的影响》，杨超译，《科技中国》2016 年第 5 期，http://mt.sohu.com/20160718/n459795027.shtml。

（2015）的分析路径，研究中国互联网规模对不同地区、不同技能劳动者的工资情况的影响。本节为说明近年来互联网的极化发展过程，选用"中国综合社会调查数据库"最新的调研数据，以 2013 年 CGSS 数据与宏观数据进行匹配来分析互联网规模与就业者工资之间的关系。但本部分并未采用"互联网可利用率"的概念，Akerman et al.（2015）的数据来自挪威 2001 年、2003 年和 2005 年的国家数据。然而，近十年来中国互联网使用情况发生了巨大变化。总体而言，中国的城市和各企业基本为个体配备了电脑和数码产品，并建立了宽带网络和内部网。因此，使用"宽带网络可利用率"这一指标没有太大意义。文本选用"互联网上网人数"作为解释变量，原因如下：第一，现阶段各地区和各省份的互联网发展情况差异显著,西部地区逐渐成为电子商务的边缘地区;第二,"互联网上网人数"作为区域级的数据指标,显然对代表个体特征的工资有直接影响,符合统计学中高层指标对底层指标产生影响的原理,具有数据的可操作性。本节给出如下研究假设:互联网规模的迅速发展能够提升全要素生产率和数字红利,并提高整个社会的劳动生产率,因此,这对城市工资会带来显著的收入效应。

根据相关理论和本章的研究目的,构建如下模型来估计互联网规模对劳动者收入的影响

$$\ln(wage) = \alpha_0 + \alpha_1 swpop + \alpha_i X_i + \epsilon_i \tag{4.1}$$

式(4.1)中,$\ln(wage)$是指就业者年劳动收入的对数;$swpop$是指2013年互联网上网人数;X_i是指其他控制变量;ϵ_i为残差项。

(1)被解释变量。问卷统计了劳动者的年总收入和年均劳动收入,总收入中包含大量的资本收入,难以进行量化分析,故本章选取被访者年劳动收入的对数作为被解释变量。由于劳动者年收入的离散程度较高,本节以对数形式表示收入水平。

(2)解释变量。互联网规模,指的是互联网的发展和扩散规模,是衡量一国互联网普及程度的重要指标。国内外学者衡量互联网发展水平采用的指标差异显著,比如互联网宣传使用数量、宽带采用率(Greenstein & McDevitt,2009)、拨号上网采用率(Greenstein & McDevitt,2009)、CN域名和网民(孙中伟等,2010)、宽带渗透率(Czernich et al.,2011)、互联网普及率(李立威、景峰,2013)、宽带采用率(Akerman et al.,2015)

等。本节借鉴的方法，以互联网普及人数作为互联网规模的关键指标（孙中伟等，2010）。

（3）控制变量。在本节中控制了样本个体特征和省份特征。其中，样本个体特征来自CGSS2013年的数据，省份特征以宏观数据进行匹配，所涉及的数据均来源于历年《中国统计年鉴》《中国城市统计年鉴》《中国区域经济统计年鉴》《全国分县市人口统计资料》以及各省、市的统计年鉴。

其中，在个体特征中：（1）控制了样本的受教育年限，以判断人力资本在个体收入中的影响；（2）控制工作年限，并加入工作年限的平方；（3）控制户口因素。蔡昉、王美艳曾指出，我国城乡差距虽然有所降低，但是仍然持续存在。谢印成、高杰（2015）指出，农村网民的增加是有利于网络零售业的发展的。在省份特征中：（1）控制人口和经济发展因素。孙中伟等（2010）指出，区域GDP自1999年以来，对于网民的影响显著增加，并维持在一个高水平位置上。（2）控制政府投资因素。本节选取外商投资、固定资产投资和地方财政支出作为衡量指标。（3）产业结构因素。本节选取第一产业占比和第三产业增加值来衡量，在控制第一产业和第三产业后，第二产业的结构特征则可以直接衡量。从表4-1、表4-2可见，我国第一产业的省域差距显著，直接影响我国的城乡劳动力技能差异。在区域特征中，本节使用CGSS数据，该数据抽取的东部地区包括北京市、天津市、河北省、上海市、江苏省、浙江省、福建省、山东省、广东省9个省、市；中部地区包括山西省、安徽省、江西省、河南省、湖北省、湖南省、吉林省、辽宁省、黑龙江省9省；西部地

表 4-1 变量说明

变量类别	变量名称	含义
被解释变量	年劳动收入的对数	劳动者个人一年内劳动收入的对数
	就业情况	就业取值为 1；否则为 0
解释变量	互联网上网人数	各省上网总人数（百万人）
个体特征	受教育程度	小学及以下 = 6；初中 = 9；高中 = 12；大专及本科 = 16；研究生 = 19
	工作经历	工作年限
	户口	农村户口取值为 1；否则为 0
省份特征	总人数	总人口数（万人）
	人均 GDP	人均 GDP（元）
	外商投资	外商投资企业投资额（万美元）
	固定资产	固定资产投资额（万元）
	财政支出	地方财政支出（万元）
	第一产业	第一产业占 GDP 的比重（%）
	第三产业	第三产业增加值（亿元）

表 4-2 样本描述性统计

变量	样本量	均值	标准差	最小值	最大值
被解释变量					
年劳动收入	1541	7890.97	20674.93	0	400000
年劳动收入的对数	706	9.21	1.04	5.30	12.90
就业情况	1541	0.46	0.50	0.00	1.00
解释变量					
上网人数	1541	22.18	11.05	2.74	69.92
个体特征					
受教育程度	1541	9.44	2.80	6	19
工作经历	1541	13.67	11.29	1	43
工作经历的平方	1541	314.24	406.61	1	1849
户口	1541	0.57	0.50	0	1
省份特征					
总人口数	1541	5161.99	2557.45	577.79	10644.00
人均 GDP 的对数	1541	10.70	0.41	10.04	11.51
外商投资企业投资额的对数	1541	15.59	1.51	9.96	18.01
固定资产投资额的对数	1541	18.64	0.82	16.22	19.72
地方财政支出的对数	1541	17.43	0.39	15.97	18.12
第一产业占 GDP 的比重	1541	10.13	4.62	0.60	17.50
第三产业增加值	1541	9764.54	6276.75	689.20	29689.00

区包括广西壮族自治区、重庆市、四川省、贵州省、云南省、陕西省、甘肃省、青海省、宁夏回族自治区、内蒙古自治区10个省、自治区。根据阿里研究院的统计，中国互联网县域电商发展指数排名前十的地区主要集中于浙江省和福建省。邱泽奇等（2016）指出，从互联网红利中获益最多的是东南沿海地区。进一步说，我国互联网发展的地区差异正在扩大，东西部地区信息社会指数的差值从2007年的0.125扩大到2015年的0.176。从图4-3可见，各省、市、自治区的互联网指数也存在较大差距，互联网指数最高的北京市与最低的江西省相差了2.15倍。李立威、景峰（2013）指出，由于各地工业化水平等发展基础的差异，互联网对地区经济增长的影响程度呈现出明显的区域差异。根据智联招聘的一项统计，随着互联网的发展，就业需求最旺盛的岗位都是与互联网行业相关的岗位。从就业区域来看，东部地区的人才"集聚效应"进一步加强，东北地区的人才流失趋势不可逆转，而西部地区的人才流失也日渐显著。刘骏、薛伟贤（2014）通过因子分析发现，我国东中西部区域都存在明显的城乡数字鸿沟差异，西部最大，中部次之。因此，有必要对互联网规模与就业之间的关系进行分区域的研究。

4.2.2 数据说明

中国综合社会调查是由中国人民大学中国调查与数据中心发布的一项综合调查数据。该数据迄今已经有2003年、2010～2013年、2015年共6次大型截面调查数据，该数据通过规范的抽样方式构建包含省域、城市、社区、家庭和个体层面的多层数据,每年的调查样本量在1万份左右,为经济学、社会学、管理学等学科研究提供了良好的数据支持。本节我们选取2013年CGSS的截面数据,该年度的样本总量在12000份左右。

4.3 实证分析

4.3.1 OLS回归结果

区域互联网规模对个体工资有显著影响,根据模型(1)和模型(2)可见,互联网人数的增加会提高个体工资。根据模型(1)可见,互联网人数每增加100万人,个体收入会提高3.4%。根据标准差的系数,是否加入区域特征对于解释变量没有显著差异。然而,由于解释变量可能是内生的,回归结果可能会低估解释变量产生的影响。

4.3.2 IV回归结果

为了缓解互联网规模与就业工资之间存在的双向因果关系引起的估计偏误,我们在本节采取了滞后解释变量这种比较常见的工具变量方法,以"2006年上网人数"作为工具变量来构建模型,剔除变量的内生性问题。李立威、景峰(2013)通过建立滞后效应模型发现,互联网对经济增长的滞后作用在第5年达到最大。从图4-2可见,从2005年到2015年,我国网民数量呈稳定的增长趋势,由于网民数量的增长有一定的惯性,且增长趋势没有发生变量,我们可以合理地认为互联网的影响机制存在滞后效应和连续性。因此,我们认为"2006年上网人数"是一个可合理使用的工具变量。

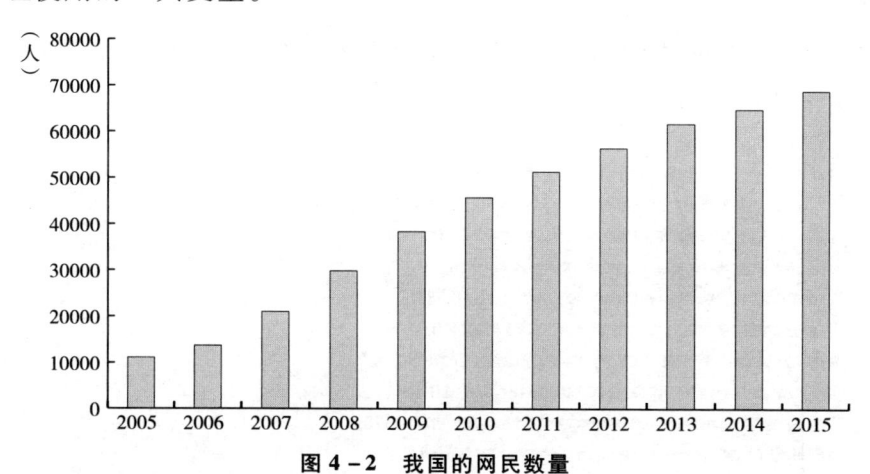

图 4－2　我国的网民数量

资料来源：第 37 次《中国互联网络发展状况统计报告》。

根据两阶段模型的回归结果来看，稳健 DWH 检验的结果为 $p=0.0000$，拒绝了互联网上网人数是外生变量的原假设。研究发现，互联网人数每增加 100 万人，个体工资会提高 4.05%，这一结果与 OLS 回归结果相比，提高了近两倍。因此，我们认为，互联网上网人数是内生的。互联网上网人数与个体工资有一定的联立性问题，IV 回归的结果更接近真实情况。在模型（2）和模型（4）分别加入区域控制变量，两种不同的方法得出一致的结论，即中部地区与东部地区存在显著的地区差异，而西部地区与东部地区的差异不显著。互联网对于工资的影响增大，即互联网人数每增加 100 万人，个体工资会提高 6.15%。张伦、祝建华（2013）指出，中国香港地区、美国与世界平均水平的互联网数字鸿沟发展趋势与该地区互联网扩散率呈"倒 U 型"关系，即随着互联网扩散率的增长，"数字鸿沟"指数在该地区互联网扩散率的中值处达到峰值，并随后下降。因此，我们认为，数字鸿沟并不会无限扩大,反而会呈现一种趋近态势。随着互联网的规模扩大,区域间的收入差距是否将逐渐弥合,有待进一步研究(见图4-3、表4-3)。

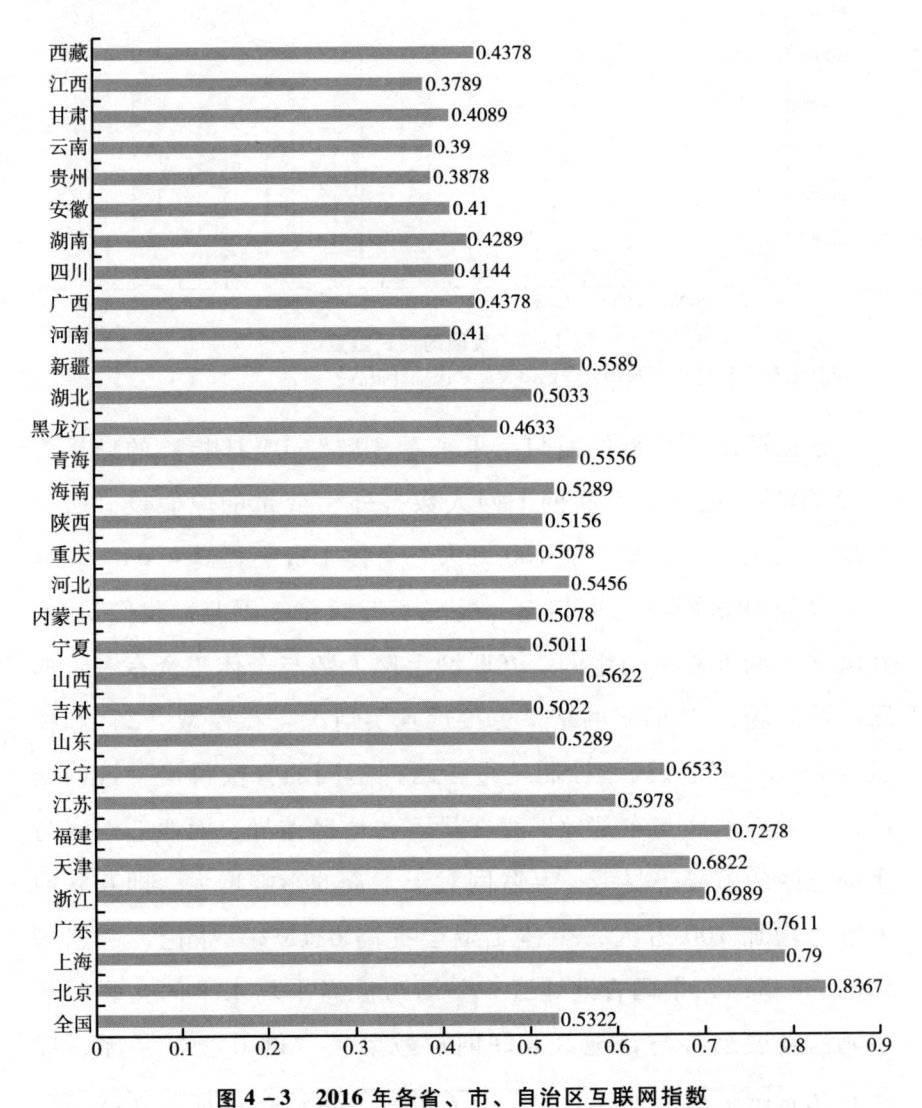

地区	指数
西藏	0.4378
江西	0.3789
甘肃	0.4089
云南	0.39
贵州	0.3878
安徽	0.41
湖南	0.4289
四川	0.4144
广西	0.4378
河南	0.41
新疆	0.5589
湖北	0.5033
黑龙江	0.4633
青海	0.5556
海南	0.5289
陕西	0.5156
重庆	0.5078
河北	0.5456
内蒙古	0.5078
宁夏	0.5011
山西	0.5622
吉林	0.5022
山东	0.5289
辽宁	0.6533
江苏	0.5978
福建	0.7278
天津	0.6822
浙江	0.6989
广东	0.7611
上海	0.79
北京	0.8367
全国	0.5322

图4-3 2016年各省、市、自治区互联网指数

资料来源:国家信息中心信息化研究部编制《中国信息社会发展报告2016》,2016。

表4-3 互联网规模对工资的影响回归结果

解释变量	OLS 回归结果		IV 回归结果			
	(1)	(2)	(3) 第一阶段	(4) 第二阶段	(5) 第一阶段	(6) 第二阶段
2013年上网人数	0.0338** (0.0164)	0.0389** (0.0160)		0.0615*** (0.0198)		0.0405** (0.0206)
2006年上网人数			2.1184*** (0.1766)		1.8883*** (0.1540)	
个体特征						
受教育程度	0.0565*** (0.0145)	0.0550*** (0.0145)	2.4584 (2.8171)	0.0538*** (0.0158)	5.1588* (3.0704)	0.0574*** (0.0160)
工作经历	0.0525*** (0.0125)	0.0537*** (0.0125)	-3.8837* (2.3359)	0.0546*** (0.0125)	-3.3238 (2.3511)	0.0528*** (0.0125)
工作经历的平方	-0.0014*** (0.0004)	-0.0014*** (0.0004)	0.1052 (0.0725)	-0.0014*** (0.0004)	0.0942 (0.0698)	-0.0014*** (0.0004)
户口	-0.1435 (0.1086)	-0.15034 (0.10904)	65.2794*** (23.0088)	-0.1783 (0.1155)	47.5462** (24.1880)	-0.1668 (0.1160)
省份特征						
总人口数	-0.0001* (0.0001)	-0.00014** (0.0001)	0.1647*** (0.0081)	-0.0002*** (0.0001)	0.1756*** (0.0054)	-0.0001* (0.0001)

续表

	OLS 回归结果			IV 回归结果		
	(1)	(2)	(3) 第一阶段	(4) 第二阶段	(5) 第一阶段	(6) 第二阶段
人均 GDP 的对数	0.5880* (0.3282)	0.5238 (0.3214)	-117.5619 (71.2376)	0.5362* (0.2811)	-1.7316 (56.8239)	0.6142** (0.2663)
外商投资企业投资额的对数	-0.1008 (0.0558)	-0.1120** (0.0526)	9.0854 (5.9874)	-0.1220*** (0.0412)	23.4232*** (4.7506)	-0.1009** (0.0413)
固定资产投资额的对数	-0.0314 (0.0757)	-0.0836 (0.0767)	45.2623*** (13.1930)	-0.0857 (0.0616)	84.0705*** (7.5170)	-0.0098 (0.0562)
地方财政支出的对数	0.1325 (0.2458)	0.1299 (0.2393)	-95.7810 (31.8639)	0.1871 (0.1991)	-188.6514*** (37.0144)	0.1355 (0.1980)
第一产业占 GDP 的比重	-0.0462** (0.0224)	-0.0594*** (0.0221)	-9.3194 (5.7385)	-0.0628*** (0.0189)	-1.1839 (3.9047)	-0.0457*** (0.0175)
第三产业增加值	-0.0000 (0.0000)	-0.0000 (0.0000)	0.0128*** (0.0045)	-0.0000 (0.0000)	0.0251*** (0.0040)	-0.0000 (0.0000)
区域特征						
中部地区		0.3638* (0.2060)	-30.9597 (69.5387)	0.4105** (0.1796)		
西部地区		0.1878 (0.2219)	-195.7234*** (59.6475)	0.2325 (0.1860)		

续表

	OLS 回归结果		IV 回归结果			
	(1)	(2)	(3)第一阶段	(4)第二阶段	(5)第一阶段	(6)第二阶段
常数项	2.6409	4.3523	2265.0510	3.4192	1452.9170	1.9200
	(5.0184)	(4.8688)	(1117.9760)	(4.2298)	(949.8597)	(4.1248)
第一阶段 F 统计量			5821.99		4838.29	
瓦尔德内生性检验				p = 0.0000		p = 0.0000
R^2	0.0470	0.0470				
样本量	706	706	706	706	706	706

注：*、**、*** 分别表示在 10%、5%、1% 的显著性水平下显著，下栏括号内为标准差。

4.3.3 技能异质性检验

模型（11）和模型（12）给出以"2006年上网人数"作为工具变量的互联网规模对不同技能水平就业者的 IV 回归结果。稳健 DWH 检验的结果为 $p=0.0000$，拒绝了互联网上网人数是外生变量的原假设。因此，我们认为，互联网上网人数是内生的。根据两阶段模型的回归结果来看，互联网人数每增加 100 万人，中高技能就业者的个体收入会提高 6.8%，略高于总样本回归的结果。同时，互联网上网人数对低技能就业者的影响是不显著的。原因如下：第一，互联网是技能偏向性技术进步。互联网的发展扩展了"创新可能性边界"，并形成诱导性创新活动。随着互联网规模的提高，互联网会显著地偏向中高技能者，高技能工人能够更好地适应新环境并利用新技术来提高自身生产率。技术与技能形成互补效应，这与 Acemoglu（1998）所提出的"导向型技术进步"相一致。宋冬林等（2010）研究发现，我国的确存在技能偏向型技术进步，技术进步改变了对于就业市场不同技能人才的需求结构，并导致技能溢价的出现。第二，这可能与低技能劳动者的互联网使用情况有关，我们将在下一章进一步研究。

同时，我们从就业者工资的角度把不同技能劳动者进行分组研究后，得出一致结果：互联网规模会提高中高技能劳动者的收入水平，对低技能劳动者造成显著的就业挤压。在中国的劳动力市场上，随着互联网的发展，我们并没有出现其他发展中国家的两极分化现象。然而，我国非正规就业的比重呈现"倒 U 型"发展趋势（陆铭、欧海军，2011），一部分非正规就业部门人员正在被正规就业部门所吸纳。随着互联网的进一步普及和增速减缓，这种影响趋势是否会有所转变，还有待进一步研究（见表4-4）。

表4-4 不同技能就业者的回归结果

	（11）低技能者	（12）中高技能者		（11）低技能者	（12）中高技能者
上网人数	0.0315 (0.0447)	0.0675*** (0.0221)	地方财政支出（对数）	-0.1412 (0.2154)	0.8660* (0.5041)
工作经历	0.0569*** (0.0159)	0.0355 (0.0266)	第一产业占GDP的比重	-0.0170 (0.0219)	-0.0519 (0.0415)
工作经历的平方	-0.0015*** (0.0005)	-0.0011 (0.0007)	第三产业增加值	-0.0000 (0.0000)	-0.0001 (0.0000)
户口	0.0347 (0.1573)	-0.4442** (0.1859)	常数项	0.0003 (0.0005)	-10.8945 (10.5481)
总人口数	-0.0001 (0.0001)	-0.0003*** (0.0001)	第一阶段F统计量	7924.61	771.06
人均GDP（对数）	0.6782* (0.3545)	0.3611 (0.5082)	瓦尔德内生性检验	p = 0.0000	p = 0.0000
外商投资企业投资额（对数）	-0.0832* (0.0450)	-0.0319 (0.1299)	样本量	550	156

注：*、**、*** 分别表示在10%、5%、1%的显著性水平下显著，下栏括号内为稳健标准差。结果为IV回归结果。低技能就业者指的是受教育年限小于、等于9年，中高技能就业者指的是受教育年限大于、等于12年。

4.4 小结

在假设互联网是技能偏向性技术进步的前提下，本章采用实证方法分析互联网规模对就业收入的影响。

第一，为了缓解互联网规模与就业工资之间存在的双向因果关系引起的估计偏误，我们在本章采取了滞后解释变量的方法，以"2006年上网人数"作为工具变量来构建模型剔除变量的内生性问题。研究发现，上网人数每增加100万人，个体收入会提高4.05%。加入区域特征变量后，互联网规模对于就业工资的影响增大，互联网人数每增加100万人，个体收入会提高6.15%。

第二，我们从就业者的工资角度把不同技能劳动者进行分组研究后得出一致结果：互联网规模会提高中高技能劳动者的收入水平，对低技能劳动者造成显著的就业挤压。互联网人数每增加100万人，中高技能就业者的个体收入会提高6.8%，但是上网人数对低技能就业者的影响是不显著的。

总之，随着互联网的发展，中国的劳动力市场并没有出现其他发展中国家的两极分化现象。然而，由于我国非正规就业的比重呈现"倒U型"发展趋势，一部门分正规就业部门人员正在被正规就业部门所吸纳。随着互联网的进一步普及和增速减缓，这种影响趋势是否会有所转变，还有待进一步研究。要注意的是，由于本章的分析是基于截面数据，无法确定这种机制的演进过程。举个例子，2016年北京市出台了"网约车"的管制规定。因此，符合北京市网约车规定的人员由"努力工作的外籍人员"变成了"年龄偏大的京爷"，外地人员占比降到5.48%左右[1]。但是随着就业人群的调整，这种变化是否会导致网约车平台出现人员结构变化，还有待观察。同时，从这项调研中，我们还可以

---

[1] 根据中国人民大学与滴滴合作发放的问卷调查，同时符合北京市"京籍、京牌、车辆类型"三项要求的滴滴专车人员仅占5.48%，年龄集中在"45~54岁"年龄段。

发现，技术依赖性从业者有一定的"技能黏性"，即从事与现有技术相关的行业。根据中国人民大学劳动人事学院的调研，仅有1/4的不符合政策条件的网约车司机会选择"开私家车载客"，重新出现"黑车"猖獗的社会现象。

第 5 章　互联网使用与劳动收入

5.1　引言

乡村振兴战略和网络强国战略是我国"十三五"期间的两大重点宏观战略。当前,我国乡村振兴战略已经取得巨大成就,我国贫困人口已经从 2012 年的 9899 万人减少到 2018 年的 1660 万人,贫困发生率从 2012 年的 10.2% 降低到 2018 年的 1.7%[①]。目前有迹象表明,"数字技能"的严重不足将会成为脱贫人员再次返贫的重要原因。如今,中国已经拥有全球第一大互联网市场,2018 年中国网民总量已经高达 8.02 亿人,互联网普及率高达 57.7%。从 2010 年到 2018 年,中国互联网的普及率年均增长 2.6 个百分点。目前,"我国经济发展进入新常态,新常态要有新动力,互联网在这方面可以大有作为"。"十三五"期间实施就业优先政策,把稳定就业作为经济社会发展的优先目标。世界银行指出,随着全球生产力增速的减缓和互联网普及范围的扩

---

① 张晓山:《做好"三农"工作坚持农业农村优先发展》,http://ft.people.com.cn/fangtanDetail.do?pid=16849,2019-02-25。

大，数字投资带来的就业和服务收益等数字红利将进一步扩大。全球各国都在加快互联网基础设施建设，云计算、大数据、物联网等产业规模高速扩张。互联网给人类社会带来了机会和挑战，互联网作为人类历史上最强大的信息平台，也在重塑各行各业的经济形态和就业需求。伴随着互联网平台创造的全新商业环境，我国已经形成了依托网络平台的"平台经济"和"共享经济"。个体对于互联网的应用也从最早的社交网络走向了生活及应用网络，互联网成为每个人生活中必不可少的工具，大多数都市人成为"蜘蛛人"。互联网的使用不仅扩大了民众的非制度化政治参与（陈云松，2013）、社会认同（王文彬、吴海琳，2014），也改变了民众的就业方式。《2016年微信年度生活报告》指出，2016年微信每天都有7亿多日活用户，同比增长35%。部分学者认为，互联网红利仅是对工业化红利的延伸和虚拟化；也有学者认为，互联网红利差异是一种基于互联网资本差异的新差异类型，是一种资本组合的结果（邱泽奇等，2016）。本章认为，互联网并非信息技术进步的一种具体形态，而是基于独立的资本类型和技术形态存在的特殊信息类型。本章主要研究互联网使用的就业增收效应，为长效减贫机制和就业优先战略提供新的协同性政策建议。

5.2 研究假设

从第2章文献梳理中可见，随着"互联网+"等国家级网络强国政策的加持，近三年来对于互联网使用、经济增长与就业相关的高质量文章相对较多。然而，学术界对于互联网使用对不同技能劳动者的影响以及影响机制仍然缺乏深入研究。本章在学者研究基础上进一步对互联网使用与劳动收入的关系进行细化研究。第一，对于互联网使用与劳动收入之间可能存在的样本选择偏差问题和内生性问题进行分析。第二，按照技能水平的不同，把劳动者分为中高技能劳动者和低技能劳动者，讨论互联网使用对不同技能群体劳动收入的影响。本章提出如下研究假设：

H1：互联网使用对劳动收入会产生显著的正向影响；

H2：互联网使用对低技能劳动者会产生更显著的影响，随着技能水平的提升，影响程度逐渐降低；

H3：互联网使用作为独特的信息技术进步，可以通过信息传播的方式提高工作效率、通过信息平台的搭建提高就业搜寻能力、通过提供有益信息及实现工作与家庭平衡等方式提高生活满意度，进而影响劳动收入。

5.3 模型设定和数据说明

5.3.1 模型设定

根据《2016年微信年度生活报告》显示，50%用户每天使用微信的时长达到90分钟，互联网使用已经成为部分普通民众的一种生活方式。同时，互联网使用的内容包括即时通信、搜索引擎、博客、网络购物、网上支付、互联网理财等各种类型，因此互联网使用已经成为改变商业模式、社会环境的重要力量，也影响着使用者和不使用者在劳动力市场上的发展前景。随着人力资本理论的提出，有的学者对于教育带来的个体收益率和社会收益率做了大量研究,其中 Mincer(1974)提出的明瑟收入方程成为研究个体收益率应用最广泛的方法。明瑟收入方程使用教育和工作经验作为主要变量,并把其他人力资本因素作为外生变量进行分析。由于互联网使用本质上是获取信息、提升个人信息能力和就业半径的重要手段,因此有必要对互联网使用与教育之间的差别进行比较。本章建构一个扩展明瑟收入方程,把互联网使用行为作为内生变量来研究互联网使用如何影响劳动收入

$$\ln(W) = \alpha + \beta use + \gamma_i control_i + \varepsilon_i \qquad (5.1)$$

式(5.1)中,$\ln(W)$ 是指就业者劳动收入的对数;use 是指互联网使用;$control_i$ 是指其他控制变量;ε_i 为残差项。

5.3.2 数据说明

本节使用 CGSS 数据。该数据是由中国人民大学中国调查与数据中心发布的一项综合调查数据。该数据通过规范的抽样方式构建包含省域、城市、社区、家庭和个体层面的多层数据。本节选取 2015 年 CGSS 的截面数据,该年度的样本总量为 18195 份(见图 5-1)。

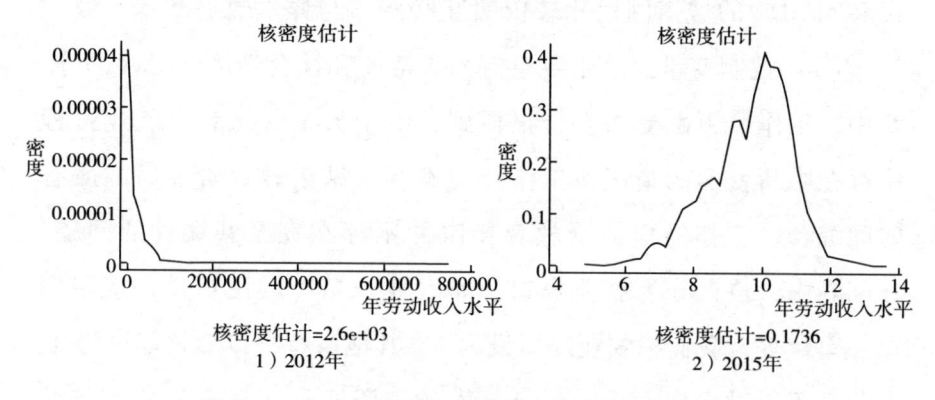

图 5-1 年劳动收入水平值和对数值的核密度分布

(1) 被解释变量。由于被访者的劳动收入偏态化严重，主要集中在 10 万元以下，因此本节采用劳动者年劳动（职业）收入的对数作为被解释变量以满足样本分布的正态性。

(2) 解释变量。互联网使用是指个体使用互联网获取信息，丰富自己的娱乐生活、工作办公、社会网络等信息攫取和信息保留行为。在问卷中的问题为"过去一年，您对互联网（包括手机上网）的使用情况是怎样的？"，选项中"从不、很少、有时、经常、非常频繁"五个选项的占比分别为 53.28%、7.14%、7.40%、13.90% 和 18.27%。本节把"有时、经常、非常频繁"三个选项合并为"经常使用互联网"项，占样本总量的 39.57%。应当指出，互联网使用频率并没有呈现显著的城乡差异，农业人口和非农业人口中"从不使用互联网"的人数占到 50% 左右。可见，我国互联网使用的总体情况并不乐观，在互联网和移动互联网迅速发展的时代，仍然有将近 50% 的劳动者是"无网络人群"，同时，非农人口频繁使用互联网的频数略高于农业人口。中国互联网络信息中心 2015 年指出，47.9% 的农村网民和 55.1% 的城镇网民比较依赖互联网，与样本数据基本一致。

(3) 控制变量。这主要包括个体特征和社会经济状况两部分。其中，工作经历由受访者自报得到，由于大量受访者在就业过程中存在中断就业的情况，工作经历不等于结束教育阶段后的所有时间综合，工作经历与受教育年限并不存在完全共线性的问题。在问卷中，户口分为农业户口、非农业户口、居民户口、蓝印户口、军籍等，我们把农业户口设为 1，其他所有户口形式都设为 0。卜茂亮等通过研究发现，信息技术的工资回报率在农村地区与城镇间有显著差别。在排除了年龄、性别、教育、民族和婚姻等因素后，互联网的使用在农村地区和非农村地区分别带来78%和38%的额外收入。因此，是否生活在农村地区，受到网络基础设施铺设条件的限制，城乡可能存在显著的阶段性差异（见表5-1）。

表5-1 变量说明与描述性统计

变量	变量名称	变量含义	样本量	平均值	标准差	最小值	最大值
lnwage	年劳动收入	劳动者个人一年内职业/劳动收入	754	9.584	1.04	5.991	12.388
lninc	年总收入	劳动者个人一年内的总收入	1067	9.71	0.994	5.991	13.459
use	互联网使用	过去一年经常使用互联网取值为1；否则为0	1424	0.434	0.496	0	1
edu	受教育程度	小学及以下=6；初中=9；高中=12；大专及本科=16；研究生=19	1424	9.838	2.997	6	19
exp	工作经历	工作年限	1424	15.599	12.287	1	46
mar	结婚	已婚取值为1；否则为0	1424	0.834	0.373	0	1
sex	性别	男性取值为1；否则为0	1424	0.394	0.489	0	1
age	年龄	截取16~60岁的劳动者	1424	44.866	12.133	17	60
cla	家庭经济地位	家庭所在地平均水平及以上取值为1；否则为0	1424	0.606	0.489	0	1
emp	就业身份	自雇人员取值为1；否则为0	1424	0.096	0.295	0	1
full	全职工作	全职工作取值为1；否则为0	1424	0.777	0.417	0	1
danwei	单位类型	党政事业单位=1；企业=2；社团=3；其他=4	1424	2.488	1.046	1	4
owner	单位所有制	国有制=1；集体制=2；私有制=3；其他=4	1021	2.239	1.046	1	4

续表

变量	变量名称	变量含义	样本量	平均值	标准差	最小值	最大值
car	私家车	拥有私家车取值为1；否则为0	1424	0.157	0.364	0	1
hou	住房	购买房产取值为1；否则为0	1424	0.471	0.499	0	1
cen	户口	农村户口取值为1；否则为0	1424	0.485	0.5	0	1
eth	少数民族	少数民族取值为1；否则为0	1424	0.077	0.267	0	1
cpc	中共党员	中共党员取值为1；否则为0	1424	0.87	0.336	0	1
rel	宗教信仰	有宗教信仰取值为1；否则为0	1424	0.119	0.324	0	1

5.4 实证分析

5.4.1 基础回归结果

根据 OLS 回归结果可见，在控制个体特征和社会经济状况后，个体有互联网使用行为，则可以使个体劳动收入增加 38.2%。

首先，本章使用 Heckman 两阶段模型处理样本选择偏差问题。根据逆米尔斯比率的系数估计值可见，使用 OLS 估计会产生一定程度的样本选择性偏差问题。模型（3）表明，个体有互联网使用行为可以使个体劳动收入增加 40%。模型（1）的结果低于模型（3）的结果，这说明剔除收入为零的观测值，在一定程度上造成样本选择偏差的问题。

其次，本章使用 2SLS 回归模型处理内生性问题。一般而言，互联网使用与劳动收入之间最容易出现"联立性"或者双向因果问题。本章选取两个工具变量，分别为"信息获取偏好"（inf）和"闲暇的上网选择"（lei）。"信息获取偏好"以"是否把互联网作为主要的信息来源"构建二值变量，"闲暇的上网选择"以"是否在空闲时间一周数次进行上网"构建二值变量。两个变量与互联网使用行为密切相关，同时与劳动收入没有直接关系，是相对较好的工具变量。2SLS 回归结果表明，个体有互联网使用行为可以使个体劳动收入增加 45.5%，IV 回归结果更接近真实情况。

互联网使用之所以带来如此显著的收入溢价，其一，互联网使用扩充了个人的信息权力，进而提高劳动者的议价能力和流动性。互联网的使用使得个体获得行动与策略优势，从而让个体形成更加明智的集体行动决策。其二，学习能力的个体异质性，这种异质性与个体对互联网的偏好无关，主要体现为学习能力上的差别。然而，限于指标选取的困难，我们无法对互联网使用行为做进一步分析，比如，信息获取类、商务交易类和交流沟通类互联网使用行为可能会改善个体的"信息权"和非认知能力，但是网络娱乐类互联网使用却不能帮助个体改善学习能力（见表 5 – 2）。

表 5 – 2　互联网使用对劳动收入影响的回归结果

	OLS	Heckman		2SLS	
	（1）	（2）第一阶段	（3）第二阶段	（4）第一阶段	（5）第二阶段
use	0.382 *** (0.088)	-0.033 (0.085)	0.400 *** (0.085)		0.455 *** (0.131)
edu	0.040 *** (0.014)	-0.042 *** (0.013)	0.054 *** (0.014)	0.027 *** (0.004)	0.037 ** (0.015)

续表

	OLS	Heckman		2SLS	
	(1)	(2) 第一阶段	(3) 第二阶段	(4) 第一阶段	(5) 第二阶段
exp	0.034*** (0.011)	0.003 (0.012)	0.035*** (0.012)	0.000 (0.003)	0.034*** (0.011)
$exp \cdot$	-0.000 (0.000)	-0.000 (0.000)	-0.000 (0.000)	0.000 (0.000)	-0.000 (0.000)
mar	0.106 (0.095)	-0.225** (0.096)		0.003 (0.033)	0.108 (0.092)
sex	0.168** (0.073)	0.690*** (0.075)		-0.063* (0.024)	0.174** (0.073)
age	-0.005 (0.004)	-0.007 (0.004)		-0.008*** (0.001)	-0.004 (0.005)
cla	0.385*** (0.074)	0.095 (0.073)		-0.006 (0.023)	0.386*** (0.074)
car	0.006 (0.106)	-0.141 (0.098)		0.067* (0.034)	-0.006 (0.108)
hou	0.143* (0.080)	0.229*** (0.076)		0.023 (0.028)	0.146* (0.079)
inf				0.600*** (0.035)	
lei				0.383*** (0.044)	
$constant$	8.423*** (0.242)	0.716*** (0.239)	8.816*** (0.159)	0.240*** (0.078)	8.375*** (0.239)
R^2	0.172				
Lambda			0.439*** (0.156)		
F 统计量				264.02	
N	754	1424	673	754	754

注: *、**、*** 分别表示在 10%、5%、1% 的显著性水平下显著。Heckman 两阶段回归第一阶段因变量为"是否有工作"。括号中为标准差。

5.4.2 稳健性检验

首先,加入不同的控制变量。模型(6)到模型(13)中依次加入户口性质、民族特征、政治面貌、宗教信仰、就业身份、单位类型等变量,如表5-3所示,解释变量系数相对稳健,与模型(5)的回归结果非常接近。模型(6)表明,户籍因素对于劳动收入水平是有显著影响的。由于我国在城镇化建设中对于农村地区进行了大量的政策干预,比如计划生育政策、农业补贴政策、"最后一公里"等农村电子商务政策等,农村户籍的人群对于政策的敏感程度要高于城镇人群,所以,是否掌握有效的信息权力对于城乡劳动者会有显著差异。然而,由于农村户籍就业者在信息获取渠道、信息理解能力、互联网使用时间等因素方面都弱于城镇就业者,拥有农村户籍就业者的劳动收入比城镇户籍就业者低27.8%。模型(7)到模型(9)表明,不同身份对劳动收入水平呈不同影响。模型(10)到模型(13)表明,自雇身份对劳动收入水平呈显著正向影响,全职工作对劳动收入水平呈显著正向影响,单位类型和单位所有制类型对劳动收入水平呈负向但不显著的影响。

其次,被解释变量改为劳动者年总收入。由于互联网使用对劳动者产生的影响既可能是通过改变劳动者的工作状态、工作效率等方式影响劳动收入,也可能是通过为劳动者提供更好的资产投资信息等方式影响资产性收入,因此本章以劳动者总收入替换劳动收入。模型(14)表明,劳动者个体有互联网使用行为可以使个体总收入增加31.8%,低于模型(5)的结果,这说明相对于资产投资等非劳动收入,互联网使用对劳动收入的影响更为显著。

表 5-3 稳健性检验结果

	(6)	(7)	(8)	(9)	(10)	(11)	(12)	(13)	(14)	(15)	(16)
use	0.432*** (0.132)	0.429*** (0.128)	0.436*** (0.132)	0.453*** (0.131)	0.442*** (0.130)	0.417*** (0.131)	0.452*** (0.131)	0.385*** (0.157)	0.318*** (0.104)	0.357*** (0.130)	0.357*** (0.130)
cen	-0.269*** (0.090)										
eth		-0.375 (0.119)									
cpc			0.225* (0.125)								
rel				-0.046 (0.107)							
emp					0.237* (0.134)						
full						0.298*** (0.083)					
danwei							-0.020 (0.034)				
owner								-0.025 (0.048)			
constant	8.760*** (0.275)	8.493*** (0.241)	8.099*** (0.296)	8.378*** (0.239)	8.362*** (0.238)	8.241*** (0.241)	8.446*** (0.272)	8.488*** (0.367)	8.259*** (0.204)	9.258*** (0.277)	7.493*** (0.435)
省份特征	NO	NO	NO	NO	NO	NO	NO	NO	NO	YES	YES
省份经济特征	NO	NO	NO	NO	NO	NO	NO	NO	NO	NO	YES
F 统计量	253.38	240.14	242.03	242.29	241.47	242.72	249.78	135.50	255.40	83.13	83.01
N	754	754	754	754	754	754	754	506	1067	754	754

注：*、**、*** 分别表示在 10%、5%、1% 的显著性水平下显著。表中报告结果皆为 2sls 回归结果，括号中为标准差。

再次，增加区域特征。模型（15）和模型（16）中，加入个体所在省份特征和 2015 年地区生产总值，如表 5-3 所示，低于模型（5）的结果，这说明互联网使用对个体收入的影响受到个体所在区域和当地宏观经济特征的一些影响。

5.4.3 技能异质性检验

劳动力市场的极化现象是一个国家劳动力市场上某种类型技能人群出现严重的供需矛盾时所产生的特定现象。从历史经验来看，劳动力市场的极化现象主要分为三类：第一类是向上的极化，即劳动力市场上高技能劳动者的就业比重迅速增长。第二类是向下的极化，即劳动力市场上低技能劳动者的就业比重迅速增长。第三类是两极化格局，即劳动力市场上高技能和低技能劳动者的就业占比都有所增加，中等技能劳动者的就业需求持续减少，就业地位逐渐被机器等自动化设备所替代。世界银行指出，我国不同技能劳动者的就业情况并没有呈现出这种两极分化现象，劳动力市场的基本特征是呈现显著的中高技能偏向型发展特征。从 2005 年到 2015 年，我国高技能劳动者的占比从 6.8% 增长到 14.6%，平均增幅达到 0.86%。中等技能劳动者的就业占比从 12.1% 增长到 17.08%，平均增幅达到 0.55%。然而，低技能劳动者的占比则降低了近 12.8%。改革开放以来，我国出现比较明显的收入分配不平等问题。其"不合理因素"既包括经济发展转型等宏观因素，也包括机会不平等等微观因素。其中，"数字鸿沟"亦是重要因素。一方面，我国的互联网发展格局相比世界整体格局更加不均衡，全球的宽带互联网用户已经增长到 40

亿人，互联网给全球带来了新的就业繁荣可能性。但中国不仅是全球互联网用户最多的国家之一，也是全球"无网络化"人群最多的国家之一，这种数字红利分享上的差距加剧了各地区间的不平等和劳动力流动格局，形成显著的"数字鸿沟"。另一方面，我国的人口结构变动和产业结构变动也没有向两极化演进的显著趋势。随着互联网技术的发展，社会需要越来越多的高技能人才来进行通信网络的链接、测试、维护、开发等工作。因此，大量研究者认为，互联网的发展对人力资本的内在要求在显著提高。Akerman et al. （2015）的研究发现，宽带网络的发展提高了高技能劳动者的需求，高技能劳动者使用宽带网络比不使用宽带网络的就业率高出了1.9%。本章则进一步拓展技能差异的研究，探讨互联网使用对不同技能劳动者的收入效应。

本章按照文献中的一般处理方法，以受教育年限作为技能水平的代理变量。陆铭等（2012）指出，这种度量误差造成的影响只是使"技能"的系数向零偏误。模型（17）和模型（18）分别给出了互联网对不同技能劳动者的影响，如表5-4所示，互联网不同技能水平劳动者都产生正向影响，互联网使用使得中高技能劳动者收入提高了15.3%，但结果不显著；互联网使用使得低技能劳动者收入显著提高了53.6%。互联网使用对低技能劳动者的收入补偿效应更大，这可能是低技能劳动者掌握的数字技术能力较弱或者无法量化的自我学习能力较弱所致。可以预见，随着高等教育的普及化和中高技能者占比的进一步提高，互联网使用对于劳动者所产生的收入效应会逐渐减弱。

表 5-4 互联网使用对不同收入群体的分位数回归结果

	低技能劳动者（17）	中高技能劳动者（18）	10%分位点（19）	25%分位点（20）	50%分位点（21）	75%分位点（22）	90%分位点（23）
use	0.536 *** (0.161)	0.153 (0.229)	0.620 ** (0.283)	0.442 *** (0.148)	0.396 *** (0.097)	0.242 *** (0.091)	0.129 (0.101)
F 统计量	115.15	28.38					
$Pseudo\ R^2$			0.115	0.088	0.116	0.110	0.121
样本量	504	250	754	754	754	754	754

注：*、**、*** 分别表示在 10%、5%、1% 的显著性水平下显著。低技能就业者指的是受教育年限小于或等于 9 年，中高技能劳动者指的是受教育年限大于或等于 12 年。(17) 和 (18) 两列报告结果为 2SLS 回归结果，(19) 到 (23) 列报告结果为分位数回归结果，括号中为标准差。

由于技能特征与收入特征可能具有一致性，本章进一步对不同收入群体进行分位数回归。从互联网使用情况的分布来看，互联网使用的系数在不同分位数的取值范围内都是正的，在较低的分位数上具有更大的效应。在两个极端上，即上分位数和下分位数的位置上，置信区间都变得更大。由于条件分位数考察的是样本的条件分布随着自变量进行变化的情况，不能单纯根据分位数回归的系数得出收入差距的大小，而只能看出收入差距的变化趋势。模型（19）到模型（23）分别对 10% 分位点、25% 分位点、50% 分位点、75% 分位点和 90% 分位点的被解释变量进行分析，研究发现，互联网使用对 10%、25%、50%、75% 分位点上的劳动收入有显著影响，而对 90% 分位点的劳动收入影响不显著。从变化趋势可见，互联网使用对收入的影响效应随着分位点上移逐渐减弱，整体呈下降趋势。本章借鉴邢春冰（2008）对于分位数回归结果的报告方式，从影响趋势来看，收入水平越低，互联网使用对其产生的收入效应越大。如表 5-4 所示，互联网使用使得处于 10%、25%、50%、75% 分位点的劳动收入分别提高 62%、44.2%、39.6%、24.2%，不同分位点的影响效应差异显著。这与互联网使用的"粘性"相关，即收入水平高的群体，相对应的难以量化的数字人力资本就越多，互联网使用的影响随之减弱。

表 5-4 表明，劳动者的技能特征与收入特征保持较为显著的一致性，即互联网使用对低技能或者低收入群体都具有更强的收入效应。

5.5 影响机制分析

为何互联网使用会影响劳动收入，尤其是对不同技能群体产生显著的差异性？总结来看，主要包括三个方面，即提高工作效率、降低工作搜寻成本和提高生活满意度。

（1）提高工作效率。一般来说，互联网使用可以帮助个体在工作时间内获取更好的信息帮助，建立更好的信息沟通，通过大幅提高个体的生产效率，进而提高个体收入水平。本节构建工作时间（$time$）变量，以"每周工作总时间"衡量。如表 5-5 所示，互联网使用可以降低总体工作时间和低技能群体工作时间，提高工作效率。互联网使用对中高技能群体呈正向但不显著的影响。

（2）降低工作搜寻成本。互联网使用对劳动者最直接的帮助就是能够通过网络平台搜寻到更加丰富的就业信息和更加透明的工作选择。Krueger 曾指出，互联网显著地改变了工人搜寻工作的方式和雇主雇佣员工的方式，并直接影响了失业率、工资和生产力。Stevenson 指出，使用互联网收集信息的往往绝大多数是已经就业的人员，因此会给市场带来重新匹配的问题，即他们可能获得更好的工作机会。因此，利用互联网搜寻工作的人员至少在短期内会比利用传统方式搜寻工作的人员有更高的离职率，他们不仅更可能更换工作，而且跟现有雇主的议价能力也更强；Holman（2013）研究发现，对于求职者而言，互联网平台提供了丰富的信息资源，可以使求职者及时、便捷地获得相关工作岗位信息，进而拥有更多的就业选择和就业机会。本节构建二值变量工作搜寻（sea）变量，以"最近三个月是否利用网络寻找工作"来衡量。互联网使用对于总体和中高技能群体有正向且显著的影响。互联网使用对低技能群体有正向但不显著的影响，如表 5-5 所示。

（3）提高生活满意度。劳动者的收入水平除了受到个体能力和社会禀赋的影响外，往往还与个体的心理状态密切相关。个体保持良好的工作心理状态对劳动收入可能会产生非常积极的影响。本节构建二值变量生活满意度（hap），以"您觉得生活是否幸福"来衡量。互联网使用对总体、中高技能群体和低技能群体的影响都是负向且不显著的，可见互联网使用并未通过影响劳动者的工作心理状态影响劳动收入，如表 5-5 所示。

表 5-5 互联网使用影响机制分析

被解释变量	总体			中高技能劳动者				低技能劳动者	
	(24)	(25)	(26)	(27)	(28)	(29)	(30)	(31)	(32)
	time	sea	hap	time	sea	hap	time	sea	hap
use	-9.455* (5.645)	0.071** (0.027)	-0.034 (0.048)	6.190 (15.991)	0.095* (0.049)	-0.068 (0.077)	-12.189* (6.162)	0.045 (0.027)	-0.022 (0.062)
第一阶段									
inf	0.602*** (0.062)	0.535*** (0.027)	0.555*** (0.024)	0.426* (.177)	0.500*** (0.036)	0.504*** (0.033)	0.646*** (0.076)	0.561*** (0.041)	0.591*** (0.035)
lei	0.407*** (0.073)	0.297*** (0.033)	0.329*** (0.029)	0.378* (0.160)	0.172*** (0.046)	0.222*** (0.043)	0.394*** (0.094)	0.384*** (0.045)	0.390*** (0.040)
F 统计量	65.73	244.58	364.24	14.48	50.26	62.50	61.33	105.39	155.19
N	276	1074	1424	54	445	530	222	629	894

注：结果以影响机制 time、sea、hap 为被解释变量，以 inf、lei 为工具变量进行回归得到。括号中为标准差。

5.6 小结

本章利用 2015 年中国综合社会调查数据分析互联网使用与劳动收入的关系，Heckman 两阶段回归结果表明个体有互联网使用行为可以使个体劳动收入增加 40%；2SLS 回归结果表明个体有互联网使用行为可以使个体劳动收入增加 45.5%，加入就业身份、户口性质等变量后，结果依然稳健。通过技能异质性研究发现，互联网使用对低技能群体的收入补偿效应更大，互联网使用使得低技能群体劳动收入显著提高了 53.6%，但是对中高技能群体影响不显著。进而，本章通过对提高工作效率、降低工作搜寻成本和提高生活满意度三种可能的影响机制分析后发现，互联网使用可以通过减少工作时间来提高总体和低技能群体的工作效率，互联网使用可以降低总体和中高技能群体的工作搜寻成本，互联网使用对总体和不同技能群体的生活满意度都没有显著影响。有鉴于此，首先，应当降低数字化门槛，更大规模普及互联网的使用。由于我国的区域发展不平衡，劳动者互联网使用能力差异巨大，我国应当在国家层面降低数字化门槛，降低网络接入成本和使用成本。其次，应当提升低技能劳动者对于互联网的基本使用能力，大力开展互联网技能培训课程，缩小不同群体间的"数字鸿沟"。再次，普及互联网使用对于改善低技能群体和农村低收入群体的收入水平具有显著作用，普及互联网使用应当成为"就业扶贫"政策的组成部分。长期来看，"数字技能"的严重不足将会成为当前脱贫人口再次返贫的重要原因，普及互联网使用能力对于长效减贫将会起到重要作用。最后，利用互联网搭建更好的就业信息平台，把数字技能纳入就业培训体系。互联网使用不仅可以提高劳动者的工作效率，而且通过互联网使用可以提高工作搜寻能力，提高劳动力市场的匹配程度，增强劳动者的议价能力。未来，深入掌握互联网使用能力和培养数字人力资本，将会是影响不同技能劳动者收入的重要因素。因此，应当把互联网使用能力作为一项单独指标纳入就业培训体系当中。

第6章 互联网使用与创业收入

6.1 引言

创业是中国在经济转型期解决就业问题的重要途径，也是经济结构调整、从大企业驱动到中小企业驱动的有效政策选择。大量的研究已经证明，小企业在相对较长的上升期会带动就业，提高社会平均生产率。创业是国家创新的重要驱动力，创业带动创新、促进创新性国家发展。在"双创"时代，创业迎来了最宽松的政策环境和金融政策，为创业者提供了良好的创业机遇。从创业者年龄结构来看，青年创业者是创业人群的核心和领军者。

2016年，北京市GDP达到24899.3亿元，同比增长6.7%，与全国GDP增速持平。从产业结构来看，北京市第一产业经济增加值下降8.8%，第二产业增长5.6%，第三产业增长7.1%，北京市向第三产业倾斜效果显著。2016年，新经济实现增加值8132.4亿元，增长10.1%，占全市经济的比重为32.7%。其中，增速最快的为高技术产业和战略性新兴产业。

"十二五"规划中就曾提出"鼓励自主创业，促进充分就业"的政策主张。近年来,国务院多次强调创业对国家经济发展的重要性,并出台了《国务院办公厅关于加快发展高技术服务业的指导意见》《国务院关于加快培育和发展战略性新兴产业的决定》等政策文件。随着"双创"政策的深入推进,北京市出台多项创业扶持政策。《北京市文化创业产业担保资金管理办法(试行)》《中关村科技园区归国留学人员创业专项资金使用管理办法》等文件为北京市创业提供政策文本支持,《北京加强全国科技创新中心建设总体方案》则进一步要求北京市加快建设国家科技金融创新中心。各种类型的孵化园区渐成规模,市场资金的注入则加快北京市的创业规模。在新一轮的创业发展中,北京市走在前列,"双创指数"[①] 稳居全国第一。本轮创业主要集中在依托互联网的网上零售、商务服务、科学研究和技术服务等行业,与北京市的新经济发展相互依靠。根据财新智库与数联铭品科技有限公司(BBD)联合发布的新经济指数来看,北京市在全国的新经济指数(NEI)中排名第二。

世界银行指出,技术普及程度对于人们获得互联网红利至关重要。目前,我国正进入新一轮创业浪潮,创业创新高度互联网化是其重要特征。随着北京地区互联网基础设施的完善,北京市互联网的接入性差异已经基本消除。从2009年到2014年,北京市的互联网普及率从65.1%上升到75.3%,增幅达到9.8%(见图6-1)。对比全国来看,2015年,北京市互联网普及率高出全国平均水平27.4%(见图6-2)。2016年,北京市互联网指数达

---

① 该指数由36氪、中国经济研究院、中国科学院大学大数据挖掘与知识管理重点实验室共同编制,包括舆情指数、资本指数、人才指数、市场健康度、活跃度五项维度。

到 0.5322，同比增长 4.59%。北京市的信息社会指数、信息经济指数等全国领先，已经进入信息社会初级阶段。在新经济指数中，占比最大的行业为新一代信息技术与信息服务产业。以百度、小米等公司为代表的互联网企业引领时代潮流，中关村车库咖啡等成为创业者的"天堂"，在建外街道、上地街道、中关村街道等区域形成创业聚集地。

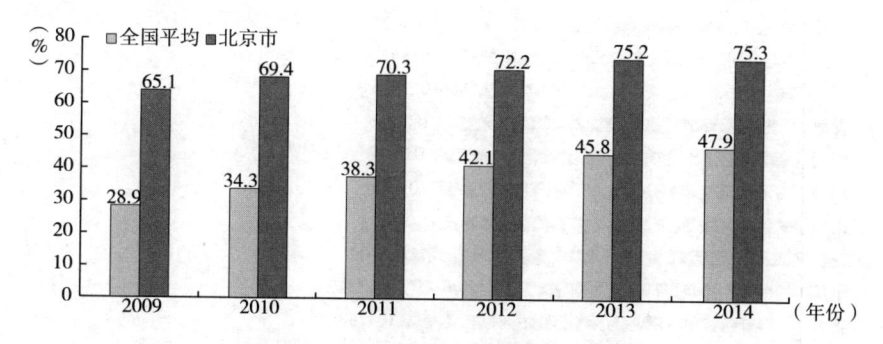

图 6-1 北京市的互联网普及率

资料来源：2009~2016 年历年《中国统计年鉴》。

6.2 模型设定与数据说明

6.2.1 模型设定

大量研究表明，教育通过影响个体的学习能力和配置能力来影响个体工资水平。本节将基于明瑟收入方程构建一个数字人力资本模型，计量模型如下：

$$\ln(wage) = \alpha_0 + \alpha_1 DHC + \alpha_2 edu + \alpha_3 exp + \alpha_4 exp^2 + \delta_i + \epsilon_i \quad (6.1)$$

其中，$\ln(wage)$ 指创业者月平均收入；DHC 指数字人力资本；edu 指受教育程度；exp 指创业时间；δ_i 指其他控制变量；ϵ_i

互联网对劳动力市场的影响

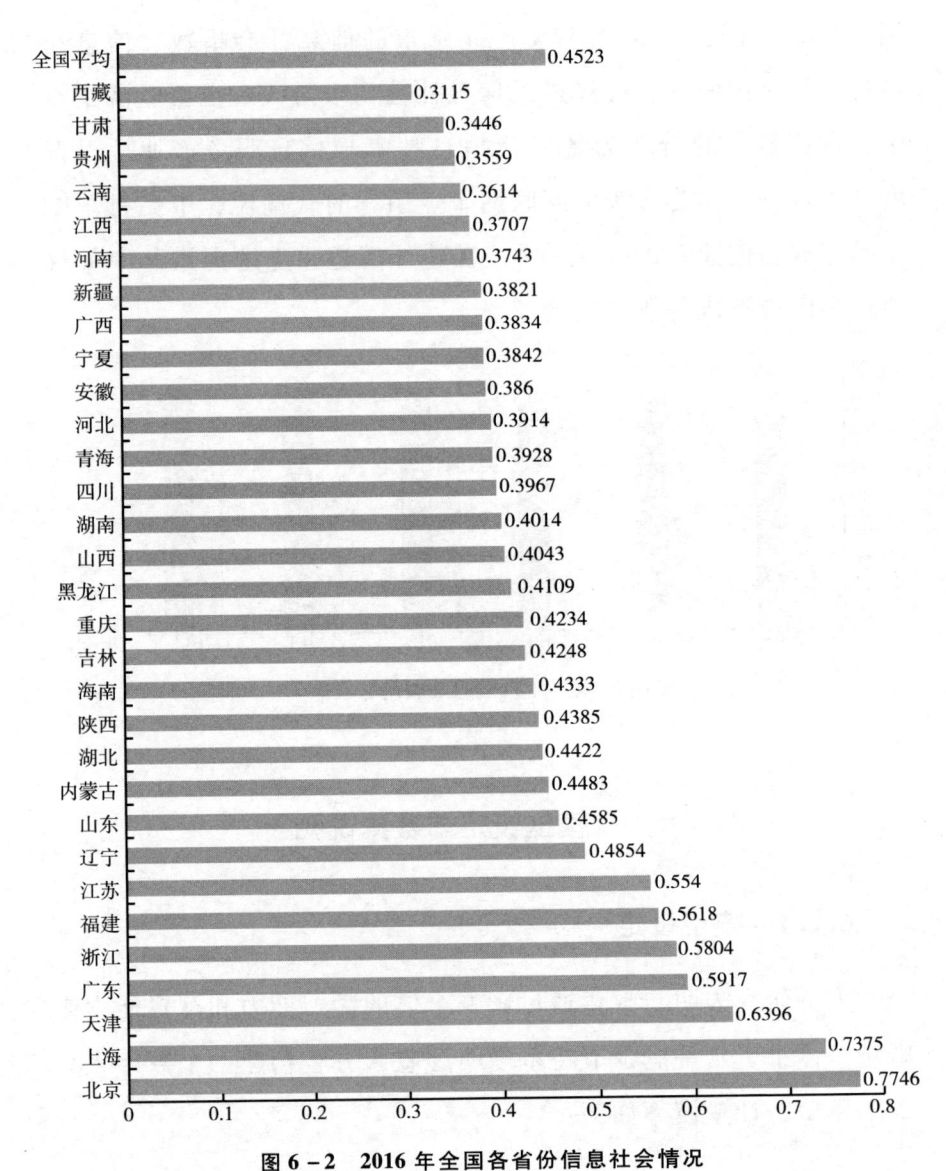

省份	数值
全国平均	0.4523
西藏	0.3115
甘肃	0.3446
贵州	0.3559
云南	0.3614
江西	0.3707
河南	0.3743
新疆	0.3821
广西	0.3834
宁夏	0.3842
安徽	0.386
河北	0.3914
青海	0.3928
四川	0.3967
湖南	0.4014
山西	0.4043
黑龙江	0.4109
重庆	0.4234
吉林	0.4248
海南	0.4333
陕西	0.4385
湖北	0.4422
内蒙古	0.4483
山东	0.4585
辽宁	0.4854
江苏	0.554
福建	0.5618
浙江	0.5804
广东	0.5917
天津	0.6396
上海	0.7375
北京	0.7746

图 6-2　2016 年全国各省份信息社会情况

资料来源：国家信息中心信息化研究部编制《中国信息社会发展报告 2016》，2016，第 8 页。

为残差项。

（1）被解释变量。收入水平以创业者自报的月平均收入作为衡量标准。创业青年的月平均收入主要集中于 6000～12000 元，数据呈明显的"长尾状"。因此，本节使用创业者月收入的对数作为被解释变量，避免数据的非正态分布。在本调查中，北京创业青年并非集中于高收入人群，大多数创业青年仍处于自我就业的创业期，"有车有房"的创业青年占比不足 1/3，创业收入并不高，仍然处于资本的积累阶段。因此，可见北京青年的创业"自选择"问题并不明显。但是，为避免可能出现的样本选择偏差问题，后文的稳健性检验部分将做进一步交代。

（2）解释变量。

①互联网使用。互联网使用是指一般意义上的使用互联网作为个人学习或者娱乐工具，在本问卷中的题目是"您平均每天上网的时间为多少"。因此，本节以"互联网的使用时间"来表示互联网使用。本节对于该数据做了一般化处理，对于使用时间小于 1 个小时的按照 0 来处理，剩余的按照具体的时间做连续变量处理。本节之所以对于互联网使用进行分析，原因包括：第一，由于创业者与一般劳动者的个体特征、社会资本等方面有诸多不同之处，互联网使用对于创业者的影响有必要单独交代；第二，Dimaggio et al. (2004) 从设备、使用主动性、技巧、社会支持、使用目的五个方面研究数字鸿沟在不同群体中的表现，指出应用差异是数字鸿沟的进一步发展。其中，互联网使用目的的差异随着互联网的普及将会进一步影响使用者的社会经济地位。因此，互联网使用并不能说明全部互联网介质的价值所在，有必要做进一步分析。

②数字人力资本。传统经济学在分析"资本"时主要是指用于经济产出的物质资本和耗材。20 世纪 60 年代，舒尔茨、贝克

尔等经济学家提出"人力资本"的概念,认为对于教育的投入可以带来显著的工资回报。20 世纪 90 年代,学术界对于互联网的研究就伴随着学术界互联网使用目的的社会分类的研究。随着互联网的发展和"新经济"概念框架的提出,学术界开始认识到数字的价值不仅是提供基础设施,而且对经济产出具有显著影响。张保芬(2001)指出,以知识、智力和专有技术等无形资产投入为主的新经济应当更加重视人的作用(见表 6-1)。

表 6-1 互联网资本的不同解释

概念	提出者	理论基础	概念解释
数字人力资本	Bach、Shaffer & Wolfson (2013)	人力资本理论	在数字鸿沟与其他形式的社会经济分化相关的基础上,技术获得和技术培训有利于在信息时代获得更多收益,具体包括公民参与、政治影响、社会变革和经济促进四个方面的收益
互联网资本	邱泽奇等(2016)	资产组合理论	任何既往投入形成的、具有互联网市场进入机会并可以通过互联网市场获益的资本

Bach et al. (2013) 提出的"数字人力资本"(Digital Human Capital) 概念,是从人力资本概念框架下分化出的概念,是指在数字鸿沟与其他形式的社会经济分化相关的基础上,技术获得和技术培训有利于在信息时代获得更多收益,具体包括公民参与、政治影响、社会变革和经济促进四个方面的收益。数字人力资本的理论基础是人力资本理论和知识经济理论,Bach et al. (2013) 提出数字读写能力(Digital literacy)的概念,强调数字扫盲的重要性和政策价值。Akerman et al. (2015) 的研究发现:宽带网络

的发展提高了高技能劳动者的需求。以2005年为例,高技能劳动者使用宽带网络比不使用宽带网络的就业率高出1.9%。张蕊(2001)提出,区域人力资本发展中应考虑"产业劳动力指标",即信息技术领域就业人数/总就业人数,这是比较早的提出信息人力资本的测量指标。邱泽奇等(2016)则提出"互联网资本"的概念,认为所谓互联网资本,是指任何既往投入形成的、具有互联网市场进入机会并可以通过互联网市场获益的资本。互联网资本强调高度互联条件下人力资产的资本化及其对发展的影响,是一种典型的组合资产。借助马克思的生产力要素概念,部分学者提出"信息生产力"的概念。孙海芳(2007)认为,信息生产力是一种独特的存在方式,与社会变革与利益调整相互影响。其他的还有"互联网使用资本""互联网技术资本"等概念。然而,学术界关于数字技能的概念都是基于功能性角度的分析,即基于数字技能的基本掌握情况。本节基于人力资本理论重新构建数字人力资本的概念,笔者认为,数字人力资本应当像教育一样既是个人内在素质,也应具有资本属性。数字人力资本是个体内在的属性,互联网等数字技术和数字经济背景下劳动者的增收效应分别通过国家/区域层、企业层和个体层三个层面进行传导(见图6-3),互联网对每个层面的作用机制不同,传导的周期和方式也略有不同。学术界普遍认为,互联网对劳动者收入的影响传导到个体层面已经结束。本节认为应当进一步分析数字人力资本的价值,把数字人力资本从教育和个体技能层面进行分解,作为独立的指标进行度量。个体通过技术介质的使用目的差异所能获得的收益是不同的。高梦滔等(2009)研究发现,在工作中使用计算机程度相同的青年人,在生活中使用计算机程度越高,平均小时工资越高;并指出善于学习和掌握新技术的个人特征有利于提高劳动效率。在实践中,借助互联网形成的网络课程迅速发展。其中,拥有超过 1000 万用户的国际在线教育平台 Coursera 于 2017 年年初与在线少儿教育机构 VIPKID 达成战略合作协议,帮助国内培养少儿英语外教,改善国内中小学英语教育水平。

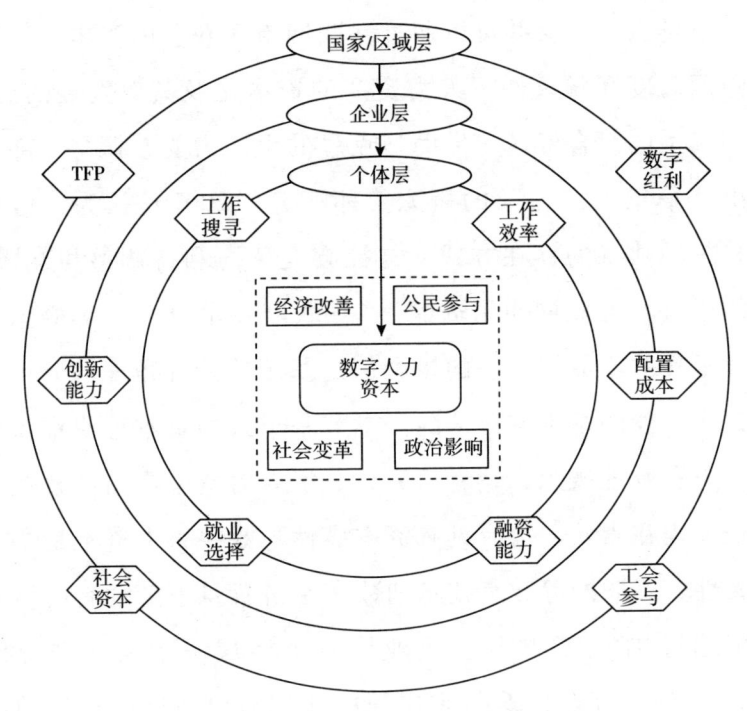

图 6-3 数字人力资本的概念内核与外延

在本节中,"数字人力资本"是指通过对互联网的深入使用来提高个人技能和情感,是基于互联网使用技能所产生的个体人力资本。本节根据被访者对于在网络上进行社会变革的态度构建"数字人力资本"的概念,因为对于创业者来说,单纯地使用互联网无法反映互联网对于个体人力资本所产生的影响。因此，必须进一步区分使用者在使用互联网时所能产生的收益。因此，本节根据问卷中的题目"在虚拟世界中，你是否会参与到群体性的活动或者行动，比如网络声援、网络签名等"构建一个二值变量来表示"数字人力资本"。中国互联网络信息中心（China Internet Network Information Center，CNNIC）报告指出，有43.8%的网民喜欢在互联网上发表评论来构建"新公共空间"。

（3）控制变量。

首先，个体特征变量。创业作为一种个人行为选择，是与个人体征密不可分的。大量的研究指出，不同的群体对于具有较高风险的创业行为有不同的态度，并且在创业意愿、创业动机、创业时机选择等方面存在显著差异（邓道才、唐凯旋，2015；杨建东等，2010）。①受教育程度。本节对于受教育程度的处理按照统计部门的统计口径，小学及以下 =6；初中 =9；高中 =12；大专及本科 =16；研究生 =19。②创业经历。北京创业青年的平均收入在前四年的增幅为7.6%、5.05%和31.77%，资本的积累存在一定的阶段性。根据一般的统计，创业经历对于个人收入的影响呈"倒U型"，即在创业者职业发展到某个阶段后，创业者收入开始渐渐降低，因此，在变量设置中加入创业时间的平方。③年龄。北京市的创业青年主要集中在30~40岁的年龄段，其中，31~35岁、36~40岁年龄段的创业者分别占33.63%和26.78%。不同年龄阶段对于互联网的使用和理解是不同的，以微信为例，《2016年微信年度生活报告》研究发现，朋友圈发布的原创内容，"95"后占比达到73%。④婚姻状况。婚姻状况为

"已婚"的设置为1，其余的设置为0。⑤性别。北京市创业青年的年龄占比相对合理，男女比例为6∶4。⑥户籍。由于户籍的限制，北京市的一些政策无法惠及非京籍创业者，一些"北漂"创业者无法享受相同的政策优惠，是否拥有北京户籍对于创业者有重要影响。

其次，家庭资本变量。赖德胜、李飚（2015）指出，大学生创业由于缺乏合理的风险分担机制，本科毕业生的创业资金70%以上是由父母、亲友和个人积蓄来负担，专科毕业生的资金压力更大，80%以上都是由个人及家庭来负担。邓道才、唐凯旋（2015）研究发现，家庭资本对农民创业选择有显著的正向影响。在本研究中，本章选取是否有房有车作为衡量家庭资本的主要变量。①是否拥有住房。被访者拥有自由住房的比例为37.2%。问卷中根据北京市居住的基本情况进行划分，包括平房合租、平房独租、楼房合租、楼房独租、自购平房、自购楼房等。本章将自购平房和自购楼房作为拥有住房的标准。②是否拥有私家车。其中被访者私家车辆比例为35.7%。

再次，社会资本变量。社会资本是创业型企业在创业前和创业过程中所形成的个人关系网络，这对于创业者降低创业风险有重要价值。社会资本不仅能够提升创业者创业意愿（解蕴慧等，2013），增加风险投资可能性，而且能够建立稳定的创业外部环境。本章以融资渠道来衡量社会资本。合理的创业风险分担是创业成功和后续有力的重要保障，宽松的融资环境有利于创业型企业迅速成长。然而，以风险投资和天使投资为主的市场融资主要由少数几家大型的、资金雄厚的公司操作，对于创业项目的甄选和干预较多，易加大创业型公司的发展风险，从而降低公司资金断裂风险抵抗能力。

最后，公司状况变量。①是否与国有企业存在竞争关系。由于创业型企业在创业初期缺乏足够的资金支持，是否与国有企业存在竞争关系对于企业发展状况有重要影响。根据问卷统计，57.9%的创业者认为与国有企业并不存在竞争关系。②是否享受过创业政策扶持。制度因素是创业成功的重要因素之一，良好的法律制度、宽松的政策支持等对创业成功有直接影响，相反，恶劣的经济环境则抑制创业的成功。政策扶持是青年创业的重要外生影响因素，直接影响青年创业的基本模式、成本风险压力、盈利周期等，是激发青年创新活力和创业潜力、促进青年就业增收的重要措施，也是在创业时代，政府履行良好的监督者、引导者责任的主要方式。③是否盈利。创业型企业的收入具有一定的周期性，在企业初创期，许多创业者和创业合伙人是没有月收入的，甚至大量创业者拿着自己的个人资金"倒贴"工资账户。因此，公司是否盈利对于企业老板和员工的收入状况都是有直接的影响。由于北京市创业青年并没有集中于高精尖行业，而是主要集中于批发零售及服务业等行业，抽样调查中有多个行业样本过小，因此本节在公司状况变量部分没有对创业者行业做进一步交代（见表6-2、表6-3）。

6.2.2 数据说明

本节使用中国共产主义青年团北京市委员会组织调研的"2014年北京创业青年群体1%抽样调查数据"，此次调研采取分

表 6-2 变量说明

变量类别	变量名称	含义
被解释变量	月平均收入的对数	
互联网使用	上网时间	每天上网时间
数字人力资本	社会变革	参与网络签名、网络声讨等群体性活动取值为1；否则为0
	公民参与	参与网络组织取值为1；否则为0
	政治影响	评论社会现象并获得关注取值为1；否则为0
	个人情绪	会把个人情绪带到网络中取值为1；否则为0
个体特征	受教育程度	小学及以下 = 6；初中 = 9；高中 = 12；大专及本科 = 16；研究生 = 19
	创业年限	创业年限
	创业年限的平方	
	年龄	
	结婚	已婚取值为1；否则为0
	性别	男性取值为1；否则为0
	户籍	拥有北京户籍取值为1；否则为0
	独生子女	独生子女取值为1；否则为0
	中共党员	中共党员取值为1；否则为0
	宗教信仰	有宗教信仰取值为1；否则为0
家庭资本	住房	拥有住房（包括自购平方和自购楼房）取值为1；否则为0
	私家车	拥有私家车取值为1；否则为0
	创业动机	主动型创业取值为1；被动型创业取值为0
社会资本	京籍朋友	有北京籍朋友取值为1；否则为0
	贷款	有贷款取值为1；否则为0
	融资渠道	个人和家庭 = 1；私人渠道 = 2；社会渠道 = 3
公司状况	国企竞争	与国企存在竞争关系取值为1；否则为0
	政策扶持	享受过创业政策扶持取值为1；否则为0
	盈利	盈利取值为1；否则为0

表6-3 样本描述性统计

变量	样本量	均值	标准差	最小值	最大值
被解释变量					
月平均收入	1733	8626.98	9963.91	500	90000
月平均收入的对数	1733	8.70	0.78	6.21	11.40
解释变量					
互联网使用	1784	2.12	1.83	0	5
社会变革	1812	0.55	0.49	0	1
公民参与	1812	0.12	0.33	0	1
政治影响	1812	0.18	0.38	0	1
个人情绪	1770	0.43	0.49	0	1
个体特征					
受教育程度	1787	14	2.99	6	19
创业经历	1722	4.75	3.69	0	16
创业时间的平方	1722	36.26	54.81	0	256
年龄	1748	33.06	5.53	20	40
婚姻	2004	0.63	0.48	0	1
性别	1793	0.61	0.48	0	1
北京户籍	1764	0.45	0.49	0	1
独生子女	1770	0.39	0.48	0	1
中共党员	2004	0.14	0.35	0	1
宗教信仰	1765	0.09	0.29	0	1
家庭资本					
住房	1783	0.38	0.48	0	1
私家车	1794	0.35	0.48	0	1
创业动机	1745	0.74	0.44	0	1
社会资本					
京籍朋友	2004	0.83	0.37	0	1
贷款	1703	0.20	0.40	0	1
融资渠道	1764	1.53	0.65	1	3
公司状况					
国企竞争	1678	0.42	0.49	0	1
政策扶持	1812	0.31	0.46	0	1
盈利	1751	0.29	0.45	0	1

层抽样的调研方法，抽取了北京市1%的创业青年。其中，"创业青年"要满足以下三个条件：①年龄在18~40周岁（含）的在京常住人员；②在北京市工商管理部门注册登记5年（含）以内；③截至2013年年底已完成年度检验手续的企业法定代表人（含合伙人）和个体工商户经营者。创业青年包括企业法定代表人、企业合伙人、个体工商户经营者三类，该数据对于合伙人和法定代表人进行了合并处理，从企业法定代表人（216805人）和个体工商户经营者（166471人）中抽取0.5%，收回有效问卷1916份。

6.3 实证分析

6.3.1 OLS回归结果

从月收入情况看，样本中并没有出现收入为0的受访者，收入情况全部可以观测到，不存在删失数据的情况，模型有一致性估计结果，可以直接使用OLS回归估计。

1. 互联网使用

从表6-4可见，互联网使用的时间长短与创业者月收入之间呈负相关，并且结果并不显著。这一结论与第5章的研究结论相悖，原因可能是创业者的总体技能水平和经济水平更加趋近，并且北京市创业群体的"集群效应"显著，共形成了7个创业人口过万的街乡，而日常的互联网使用对创业群体的差异影响并不显著。

2. 数字人力资本

数字人力资本作为重要的人力资本，是通过互联网的使用方式来具体体现的。从表6-4可见，拥有数字人力资本使得创业者月收入水平提高了 10.88%。这与研究者的假设相一致，即随着互联网技能的深入学习和使用，创业者在掌握数字技术的同时，享受到数字人力资本带来的"数字红利"。但是由于 OLS 回归得出的是数字人力资本与创业收入之间的相关关系，我们无法确定是否存在联立性偏误的问题，因此要进一步讨论。

表 6-4 数字人力资本的回归结果

	OLS 回归结果		IV 回归结果	
	(1)	(2)	(3) 第一阶段	(4) 第二阶段
解释变量				
互联网使用	-0.0096 (0.0105)			
数字人力资本		0.1088*** (0.0368)		0.3295*** (0.1200)
个人情绪			0.3124*** (0.0255)	
个体特征				
受教育程度	0.0542*** (0.0070)	0.0512*** (0.0068)	0.0080* (0.0046)	0.0488*** (0.0071)
创业经历	0.0749*** (0.0168)	0.0798*** (0.0167)	-0.0193* (0.0113)	0.0792*** (0.0173)
创业经历的平方	-0.0042*** (0.0011)	-0.0045*** (0.0011)	0.0008 (0.0007)	-0.0044*** (0.0012)
年龄	0.0001 (0.0038)	0.0005 (0.0038)	-0.0028 (0.0026)	0.0011 (0.0037)
婚姻	-0.0117 (0.0443)	-0.0104 (0.0442)	0.0364 (0.0300)	-0.0093 (0.0446)
性别	0.1002*** (0.0376)	0.1034*** (0.0374)	0.0285 (0.0257)	0.1063*** (0.0369)
北京户籍	-0.2165*** (0.0404)	-0.2213*** (0.0402)	0.0167 (0.0270)	-0.2230*** (0.0407)

续表

	OLS 回归结果		IV 回归结果	
	（1）	（2）	（3）第一阶段	（4）第二阶段
家庭资本				
住房	0.1117 ** (0.0439)		-0.0416 (0.0292)	0.1257 *** (0.0457)
私家车	0.4052 *** (0.0419)		0.0657 ** (0.0283)	0.3788 *** (0.0430)
社会资本				
融资渠道 2	0.1358 *** (0.0398)	0.1320 *** (0.0398)	0.0618 ** (0.0274)	0.1129 *** (0.0396)
融资渠道 3	0.2044 *** (0.0689)	0.1925 *** (0.0687)	0.0976 ** (0.0451)	0.1823 ** (0.0765)
公司状况				
国企竞争	0.0354 (0.0374)	0.0334 (0.0373)	0.0255 (0.0259)	0.0166 (0.0382)
政策扶持	0.0170 (0.0388)	0.0248 (0.0388)	-0.0731 *** (0.0271)	0.0538 (0.0414)
盈利	0.0754 (0.0408)	0.0785 * (0.0407)	0.0325 (0.0277)	0.0603 (0.0415)
常数项	7.5223 *** (0.1551)	7.4537 *** (0.1549)	0.3753 *** (0.1057)	7.3538 *** (0.1654)
第一阶段 F 统计量			150.529	
瓦尔德内生性检验				p = 0.0435
R^2	0.1856	0.1945	0.1384	0.1665
样本量	1452	1459	1446	1446

注：*、**、*** 分别表示在 10%、5%、1% 的显著性水平下显著，下栏括号内为标准差。其中，IV 回归结果为稳健标准差。

6.3.2 IV 回归结果

内生性问题主要包括自选择、反向因果关系和遗漏变量三类。陈云松（2013）指出，内生性问题对于分析网络效应特别重要，因为当基于截面数据时很容易出现"联立性"或者双向因果问题。根据经典变量误差（CEV）假定，用 OLS 估计这类模型，参数往往会被低估。在本节中，数字人力资本是二值变量，并没有违背 $E(u_i \mid z_i) = 0$ 的假设，可以使用工具变量法进行内生性处理。

1. 工具变量：个人情绪

个人对于互联网的态度和使用与个人的年龄、性格等要素都有密切联系，不同的人对于互联网的态度差异较大。比如，20世纪90年代出生的个体作为"互联网原住民"对于网络的诉求更高，也更愿意在网络平台上彰显个性。本节以"个人情绪"作为工具变量来构建模型，剔除变量的内生性问题。对于当下的创业者来说，由于创业压力很大，他们大多会通过朋友圈、微博、论坛、发帖等方式宣泄自己的情绪，这种情绪与其是否会深入使用互联网是密切相关的，同时，个人的情绪宣泄方式并不会直接影响其收入。因此，"个人情绪"是一个可合理使用的工具变量（见图6-4）。

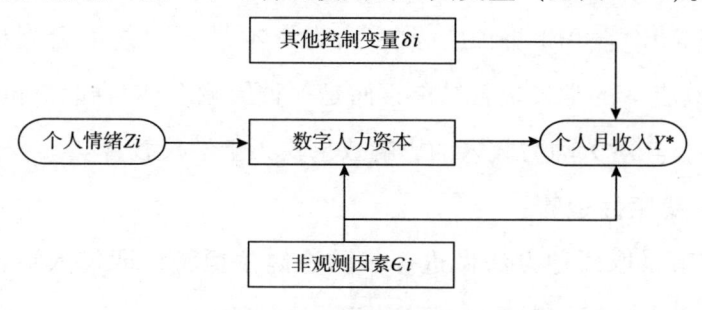

图6-4 工具变量示意

2. IV 回归结果分析

根据两阶段模型的回归结果来看，拥有数字人力资本使得创业月收入提高了32.95%，这一结果与 OLS 回归结果相比，提高了近2倍。稳健 DWH 检验的结果为 $p = 0.0435$，拒绝了数字人力资本是外生变量的原假设，因此，我们认为数字人力资本是内生的。可见，正如陈云松（2013）等研究者的分析，数字人力资本与工资之间存在显著的联立性关系，IV 回归的结果更接近真实情况。首先，数字人力资本作为一种特殊的人力资本正处于发展的初级阶段，有利于提高创业者的人力资本"变现"能力，具有显著的"溢价效应"。Schwab 曾指出，第四次工业革命中一项重要变革是我们每个人拥有一个"数字化身份"，我们可以在网络上获得一个虚拟形象，并与他人展开信息共享、言论扩充等行为来维护个人网络。因此，正如本节的假设，拥有数字人力资本的确提高了个人收入，在控制了教育、创业经历等因素后，我们认为就是互联网的深入使用行为和方式，即"数字人力资本"，导致创业者收入的显著差异。根据 Heckman & Rubinstein（2001）对人力资本理论的研究发现，影响劳动者收入的人力资本因素不仅包括认知（教育等 IQ 学习）能力，还包括非认知（自我控制和自我训练等 EQ 学习）能力。数字人力资本是一种并不会直接产生"文凭效应"的学校教育结果，而是一种影响个体自我训练的非认知能力，其对劳动力收入的影响效果要大于学校教育。

3. 稳健性检验

本节采取两种方法做进一步的稳健性检验，即加入更多的控制变量或者变更"数字人力资本"的衡量指标。

首先，加入更多的控制变量。在本节中，分别加入更多的创业者个体特征、社会资本特征和公司状况特征。①独生子女。在独生子女家庭中，父母往往希望孩子能够规避风险，减少自主创业行为。但是，一旦子女决定创业，父母则会鼎力相助，为孩子提供部分资金支持。②中共党员。如果创业者是中共党员，一方面，他们能够接收更多的关于创业扶持政策的信息，并建立稳定的社交网络。另一方面，则能够在与国有企业竞争中获得"联盟性"资源而非"对抗性"资源。③北京籍朋友。拥有北京籍朋友对于改善创业者"同伴关系"、获得更为稳定的社会关系网络和资金支持、增强创业意愿有一定影响。④是否有贷款。邓道才、唐凯旋（2015）研究发现，信贷排斥对农民创业选择的总体影响为负。由于是否有贷款与融资渠道之间有一定的共线性，即如果有商业贷款和政府贷款，则与市场融资重合，因此，在模型（10）中剔除掉"融资渠道"这一变量。⑤创业动机。一般来说，创业可分为"生存型创业"和"发展型创业"，个人对风险的担忧和对未来的不确定性是影响创业意愿的重要因素。根据问卷调查，北京青年创业者中被动创业，即"就业困难，只好选择创业"和"养家糊口"的占比仅为5.3%。

从模型（5）到模型（10）的回归结果可见，当加入不同的个体资本、社会资本和公司状况外生变量时，回归结果与模型（2）的结果相差无几，而且均为显著结果，可见 OLS 回归结果较为稳定。其中，有中共党员身份的创业者月收入将增加22.73%，可见党员身份对于创业者的信息获得、创业选择等都有显著影响。与其他研究者结论相同，贷款行为有利于改善创业者的资金结构，建立合理的创业成本分担机制，有贷款的创业者月收入增加 9.65%。其他控制变量的加入则不显著，对于月收入的增加没有影响。

其次，改变解释变量。①政治影响。本节以"是否在微博中评论社会现象或社会事件"作为衡量创业者是否会在网络中获得政治影响的标准。在生活中，有部分青年会通过网络的方式表达自己的政治意愿和政治诉求，有益于改善社会公平问题。王建武（2015）指出，城市网民是在线政治参与的积极分子，有利于改善非制度化政治参与行为。②公民参与。本节以"是否加入网络组织"作为衡量创业者是否进行网络公民参与的标准。网络组织作为一种组织形态，是底层民众发出自己声音、表达自我意愿、完成自我诉求的重要形式。

文本采取了政治影响［模型（11）］和公民参与［模型（12）］作为解释变量。通过与表 6-4 的对比，模型（11）和模型（12）的回归系数与模型（2）相差较小，结果同样显著。可见无论是采用何种代理变量来解释数字人力资本，都能够说明，数字人力资本作为一种特殊的人力资本形式，能够通过互联网技能的学习深，化个人的认知能力和配置能力，进而改善个体收益。

6.3.3 技能异质性检验

从前文的分析中可以得到基本结论，即数字人力资本有利于提高个体收入。对于信息技术的投入有两个基本关系：第一组关系是信息投入与经济产出之间的关系。国民经济的发展依靠的经济效益或者经济产出，因此，经济学衡量经济投入的依据主要是产出效益或者产出效果，对于信息的投入也是据此推断。第二组关系是信息投入与个人收入之间的关系。传统概念认为信息投入是国家经济政策层面的，与个人收入无关。但是，随着人力资本概念的提出，有学者开始认识到国家政策层面的投资与个人层面的收入之间存在紧密联系。因此，随着创业者个体人力资本的提升，个体的收入将会明显提升，进而产生正外部性和社会收益，并有利于经济产出。

然而，Dimaggio et al.（2004）指出，社会经济地位高的人群拥有更多的互联网使用技巧，因此，社会经济地位高的人群使用互联网的效率更高，并且容易获得更大的经济回报。而 Dijk（2005）的研究则指出，社会经济地位较低的人群反而比社会经济较高人群更加频繁地使用互联网。因此，本节将进一步区分不同受教育程度创业者的数字人力资本对个人收入的影响。根据受教育年限的差异，本节对于低技能劳动者和中高技能劳动者进行了分析。

首先，按照受教育程度对创业者进行分组后，无论是低技能创业者还是高技能创业者，互联网使用对于创业者收入的影响依然不显著，可见互联网的日常使用只是丰富了创业者的个体生活，方便了基本需求，并不有利于个体的技能提升。

其次，数字人力资本对于中高技能创业者的影响则是显著的，即拥有数字人力资本的中高技能创业者的月收入提高13.28%，这一结果与总样本回归结果差距不大。因为数字人力资本是一种需要自我学习和提升的技能，与学校教育和培训一样，都是需要个体具有一定的基本能力，因此，互联网的普及和基础性教育的发展与数字人力资本的提升是相辅相成的（见表6-5、表6-6）。

表6-5 稳健性检验结果

	加入更多控制变量						改变解释变量	
	(5)	(6)	(7)	(8)	(9)	(10)	(11)	(12)
数字人力资本	0.1072** (0.0369)	0.1116** (0.0365)	0.1114*** (0.0372)	0.1067*** (0.0369)	0.1085*** (0.0368)	0.1190*** (0.0372)	0.0868* (0.0465)	0.1333** (0.0565)
受教育程度	0.0508*** (0.0068)	0.0463*** (0.0068)	0.0521*** (0.0069)	0.0504*** (0.0068)	0.0513*** (0.0068)	0.0552*** (0.0068)	0.0524*** (0.0068)	0.0516*** (0.0068)
创业经历	0.0784*** (0.0168)	0.0812*** (0.0166)	0.0787*** (0.0169)	0.0806*** (0.0169)	0.0801*** (0.0167)	0.0799*** (0.0171)	0.0784*** (0.0167)	0.0782*** (0.0167)
创业经历的平方	-0.0045*** (0.0011)	-0.0047*** (0.0011)	-0.0046*** (0.0011)	-0.0046*** (0.0011)	-0.0045*** (0.0011)	-0.0046*** (0.0011)	-0.0045*** (0.0011)	-0.0044*** (0.0011)
年龄	0.0003 (0.0038)	0.0001 (0.0038)	0.0006 (0.0038)	0.0007 (0.0038)	0.0006 (0.0038)	0.0001 (0.0039)	0.0005 (0.0038)	0.0003 (0.0038)
婚姻	-0.0074 (0.0444)	-0.0095 (0.0439)	-0.0072 (0.0446)	-0.0030 (0.0445)	-0.0104 (0.0442)	-0.0156 (0.0449)	-0.0109 (0.0443)	-0.0011 (0.0444)
性别	0.1047** (0.0376)	0.1064** (0.0372)	0.1091*** (0.0379)	0.0953*** (0.0375)	0.1033*** (0.0374)	0.1062*** (0.0379)	0.1003*** (0.0375)	0.1042*** (0.0375)
北京户籍	-0.2289*** (0.0411)	-0.2460*** (0.0403)	-0.2216*** (0.0407)	-0.2247*** (0.0404)	-0.2175*** (0.0410)	-0.2227*** (0.0408)	-0.2177*** (0.0403)	-0.2256*** (0.0404)
住房	0.1230** (0.0440)	0.1218** (0.0434)	0.1243*** (0.0442)	0.1206*** (0.0440)	0.1215*** (0.0438)	0.1323*** (0.0443)	0.1168*** (0.0437)	0.1173*** (0.0437)

续表

	(5)	(6)	(7)	(8)	(9)	(10)	(11)	(12)
	加入更多控制变量						改变解释变量	
私家车	0.4035*** (0.0419)	0.4023*** (0.0415)	0.4007*** (0.0424)	0.4117*** (0.0420)	0.4060*** (0.0419)	0.4024*** (0.0423)	0.4093*** (0.0418)	0.4125*** (0.0418)
融资渠道 2	0.1298** (0.0399)	0.1256** (0.0396)	0.1274*** (0.0403)	0.1342*** (0.0400)	0.1324*** (0.0399)		0.1381*** (0.0398)	0.1353*** (0.0398)
融资渠道 3	0.1915** (0.0688)	0.1699** (0.0684)	0.1916*** (0.0690)	0.1859** (0.0688)	0.1923*** (0.0687)		0.1971*** (0.0688)	0.1973*** (0.0687)
国企竞争	0.0349 (0.0374)	0.0323 (0.0370)	0.0273 (0.0378)	0.0408 (0.0374)	0.0330 (0.0373)	0.0250 (0.0383)	0.0333 (0.0374)	0.0321 (0.0374)
政策扶持	0.0292 (0.0389)	0.0401 (0.0387)	0.0282 (0.0392)	0.0346 (0.0392)	0.0233 (0.0390)	0.0156 (0.0394)	0.0209 (0.0389)	0.0200 (0.0388)
盈利	0.0798** (0.0407)	0.0683* (0.0404)	0.0763* (0.0412)	0.0736* (0.0407)	0.0786* (0.0407)	0.0841** (0.0411)	0.0815** (0.0407)	0.0816** (0.0407)
更多控制变量								
独生子女	0.0142 (0.0388)							
中共党员		0.2273*** (0.0495)						
宗教信仰			0.0862 (0.0642)					

续表

	加入更多控制变量					改变解释变量	
	(5)	(6)	(7)	(8)	(9)	(10)	(11)	(12)
创业动机				0.0633 (0.0424)				
京籍朋友					-0.0231 (0.0490)			
贷款						0.0965** (0.0473)		
常数项	7.4618*** (0.1557)	7.5022*** (0.1542)	7.4318*** (0.1567)	7.3998*** (0.1582)	7.4665*** (0.1573)	7.4545*** (0.1571)	7.4837*** (0.1546)	7.4946*** (0.1541)
R^2	0.1942	0.2061	0.1946	0.2015	0.1946	0.1915	0.1915	0.1927
样本量	1449	1459	1436	1442	1459	1431	1459	1459

注：*、**、***分别表示在10%、5%、1%的显著性水平下显著，下栏括号内为标准差。

表 6-6　不同技能创业者的回归结果

	低技能创业者			中高技能创业者
	(13)	(14)	(15)	(16)
互联网使用	0.0416 (0.0291)		-0.0055 (0.0113)	
数字人力资本		0.0997 (0.0927)		0.1328** (0.0410)
创业经历	0.0618 (0.0408)	0.0689* (0.0409)	0.0651*** (0.0188)	0.0706*** (0.0187)
创业经历的平方	-0.0036 (0.0026)	-0.0041 (0.0026)	-0.0038*** (0.0013)	-0.0042*** (0.0012)
年龄	0.0066 (0.0092)	0.0043 (0.0091)	0.0005 (0.0043)	0.0015 (0.0043)
婚姻	-0.1740 (0.1320)	-0.1893 (0.1311)	-0.0428 (0.0479)	-0.0412 (0.0478)
性别	0.1976** (0.0972)	0.2086** (0.0979)	0.0775* (0.0418)	0.0771* (0.0415)
北京户籍	-0.1726 (0.1261)	-0.1835 (0.1264)	-0.1984*** (0.0435)	-0.2060*** (0.0434)
住房	-0.0134 (0.1389)	0.0297 (0.1383)	0.1578*** (0.0473)	0.1623** (0.0470)
私家车	0.3068*** (0.1105)	0.2948*** (0.1110)	0.4541*** (0.0461)	0.4529*** (0.0460)
融资渠道 2	0.1771 (0.1042)	0.1839* (0.1040)	0.1681*** (0.0437)	0.1645*** (0.0436)
融资渠道 3	0.5811** (0.2608)	0.5414** (0.2460)	0.2149*** (0.0732)	0.2002** (0.0732)
国企竞争	0.0397 (0.0945)	0.0268 (0.0938)	0.0535 (0.0417)	0.0478 (0.0415)
政策扶持	0.2202** (0.0940)	0.2365** (0.0944)	-0.0089 (0.0436)	0.0003 (0.0435)

续表

	低技能创业者		中高技能创业者	
	(13)	(14)	(15)	(16)
盈利	-0.0386 (0.0978)	-0.0283 (0.0981)	0.0768* (0.0461)	0.0810* (0.0459)
常数项	7.8671*** (0.3066)	7.9345*** (0.3052)	8.3074*** (0.1424)	8.1763*** (0.1390)
R^2	0.1508	0.1524	0.1589	0.1706
样本量	229	231	1227	1232

注：*、**、***分别表示在10%、5%、1%的显著性水平下显著，下栏括号内为标准差。低技能创业者指的是受教育年限小于、等于9年，中高技能创业者指的是受教育年限大于、等于12年。

6.4 小结

本章构建了两个不同的互联网指标来分析互联网对青年创业者收入的影响，研究发现：互联网使用时间对于创业者收入没有显著影响，而数字人力资本则会对创业者收入产生正向影响。考虑到数字人力资本与个人收入之间可能存在的互为因果的问题，除了有效控制被访者的个体特征、社会资本、公司状况等变量外，本章还以被访者的个人情绪作为工具变量来解决联立性偏误问题。通过构建工具变量回归发现，拥有数字人力资本使得创业者月收入提高了32.95%。本章通过加入更多控制变量和变更解释变量证明研究结论是稳健的。

本章根据技能水平分组研究发现，无论是低技能创业者还是高技能创业者，互联网使用对于创业者收入的影响依然不显著。数字人力资本对于中高技能创业者的影响则是显著的，即拥有数字人力资本的中高技能创业者的月收入提高13.28%。正如Bach et al. (2013) 所指出的，ICT培训计划必须转向至关重要的社会和文化实践，鼓励全面参与社区事务、文化生活和官方机构。政策制定者必须设计数字融入计划，促进媒介所有权的多样性，扩大数字扫盲范围。因此，是否拥有足够的紧跟信息时代步伐的互联网使用和深挖技能，将会加剧创业者的群体分化和个人收入差距等。同时，互联网发展对于创业者是利好的，应当深挖互联网人口红利，提高现有人群的互联网意识，通过互联网发展寻找新的就业增长点。公民数字人力资本的提升并非简单的"数字扫盲"，而是培养劳动者深入学习和使用互联网技能来提高个体收入。我国应该提升劳动者的数字人力资本以挖掘互联网人口红利。

然而，数字人力资本的发展趋势目前还无法预测，正如教育收益率的发展趋势一样，20世纪80年代末期以来，我国的教育收益率虽然经历了一个整体上升的过程，但是在不同阶段呈现先下降、后上升、再下降、再上升的变化过程，这种波浪状发展趋势有可能会成为数字人力资本收益率的变化趋势。本章的研究也有不足之处，即互联网对于创业者的影响是巨大的，但本章仅分析了静态的数字人力资本与创业者收入之间的关系，而互联网对于创业的影响不仅如此，互联网正在改变创业形态，创造更多的商业机会和商业类型，由于数据缺失，本章难以做出进一步的分析。2016年，移动互联网的发展速度加快，全球移动互联网用户近20亿人，约为互联网用户的62.5%，并且以每年2%的速度增长。因此，移动互联网对于创业者的商机和影响可能更大，这将是笔者下一阶段的研究方向。

第 7 章 互联网使用与生育率

7.1 引言

改革开放以来,中国人口出生率和自然增长率经历了一个总体下降的趋势,仅在1982年、1987年和2016年出现轻微反弹的情况,低生育率问题已经严重影响到中国劳动力市场的供给能力和人口结构的均衡发展。目前中国每年劳动年龄人口维持在10亿人左右,但是随着人口出生率的降低,未来的劳动人口总量将会缩减近20%。人口自然结构变动对劳动经济参与率的变化具有显著影响。这一影响,在过去的10年当中已经有所显现,根据王莹莹、童玉芬(2015)的研究测算,由于人口年龄结构的变化,与21世纪初的2000年相比,2010年的劳动经济参与率下降了0.22个百分点,与此同时,人口性别结构变动也引致劳动经济参与率下降了0.08个百分点。在过去30年中,计划生育政策的出台和实施在一定程度上制约了中国人口的增速,使得中国的人口更替水平处于正常更替水平之下,新生人口增速放缓,致使中国人口的年龄结构渐次改变,老龄化趋势初显。根据人口年龄中位数计算，2015年，中国人口年龄中位数为37岁，而根据联合国相应的人口预测，到2050年，中国人口年龄中位数将达到49.6岁，接近日本53.3岁的水平，远高于瑞典、英国、美国等欧美国家。预计到2050年，中国60岁以上老年人口比例将高达30%，"超前老龄化"趋势越发明显。同时，中国出生人口不足，"少子化"现象加剧劳动力负担。根据联合国人口预测，到2050年，中国0~14岁的儿童人口比例将低至13.5%，仅比日本高1个百分点。虽然中国暂时并未陷入"低生育率陷阱"，并且有60%以上的孕龄群体在政策调整后会生育第二个孩子（靳永爱，2014），但长期来看，中国人口的生育选择正在发生改变，并会进一步影响未来的劳动力供给。根据2015年1%人口抽样调查数据的统计，2005~2010年全国总和生育率从1.338下降到1.188后，2015年总和生育率进一步下降到1.047，又一次刷新全国总和生育率的最低记录（郭志刚，2017）。长期的低生育率会导致高度老龄化和人口衰退，从而给社会经济带来多重挑战，中国人口负增长时代即将到来。如果中国总和生育率一直保持在1.6的水平，人口负增长将提前到2027年出现（张车伟，2018）。根据国际经验，中国的经济发展水平还不足以支撑如此规模人口递减带来的经济和社会压力。改善生育率偏低问题不仅能够减缓中国"未富先老"背景下的过度老年化趋势，也能改善劳动人口供给不足问题（见图7-1）。

为何当前育龄群体的生育率偏低呢？大量学者认为，这是生育政策干预和社会经济发展阶段双重作用的结果。此外，还有中国性别不平等带来的女性"第二轮班"问题（王琦等，2019）。

对欧洲的研究发现，女性劳动参与率较低、传统价值观念较强国家的总和生育率远低于女性劳动力参与较高、传统家庭观念较弱的国家（Chesnais，1996）。除了经济压力和子女养育负担等因素外，是否还有其他被忽视的重要因素？随着互联网的发展，中国已经从一个弱联结的社会变成了一个强联结的社会（方兴东、陈帅，2019），并且互联网已经一跃成为主流平台和"潮涌现象"的泉眼（林毅夫，2007）。互联网的快速发展不仅对民众的政治参与（Falck et al.，2014）、社会认同（王文彬、吴海琳，2014）等产生影响，也会对当前的女性劳动参与率、女性就业质量产生一定影响，这种影响是否会传递到女性的生育决策呢？互联网的快速普及正在重塑着劳动力市场的供给能力，形成平台经济等大量新经济形态，提升区域创新效率，为中国经济发展提供新动能（韩先锋等，2019）。互联网使用对于全世界来说有一个共同的"触发点"，即全世界主要国家都是从1994年开始接触民用互联网的，随后产生第一批互联网原住民。这就为中国互联网使用对生育率的影响研究创造了一个良好的"自然实验"环境，我们可以在中国的国情背景下检验互联网使用与生育率之间关系和西方发达国家的异同。大量研究从家庭收入、男孩偏好等方面研究中国生育率变化趋势，本章节借鉴Billari等的思路，从互联网使用的角度进行研究。本章在下2节对研究进展进行述评；下3节借助2010~2013年CGSS数据构建实证模型进行分析，并对城乡和学历异质性进行检验；下4节对省域层面的互联网普及率对生育率的影响进行分析；下5节则对影响机制进行检验；下6节依据中国生育率变动特征，提出相应的政策建议。

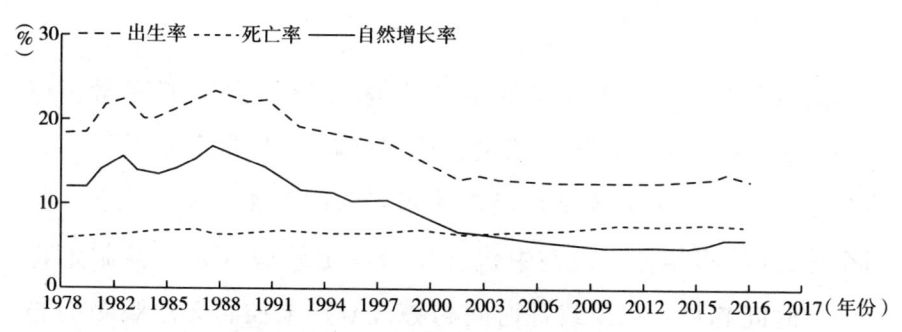

图 7-1 中国的出生率、死亡率和自然增长率情况（1978~2017年）
资料来源：1978~2017年历年《中国统计年鉴》。

7.2 模型设定与实证分析

7.2.1 数据说明

本节使用 CGSS 数据。该数据是由中国人民大学中国调查与数据中心发布的一项综合调查数据。该数据通过规范的抽样方式构建包含省域、城市、社区、家庭和个体层面的多层数据。本节选取 2010 年到 2013 年的 CGSS 数据构建混合横截面数据，截取 15 岁到 49 岁的孕龄群体，样本总量为 19741 份，其中 2010 年到 2013 年的样本量分别为 5779 份、2757 份、5736 份、5469 份。需要说明的是，该样本的调查对象是 17 岁及以上年龄个体，因此样本中包含的是 17 岁到 49 岁的孕龄群体。

7.2.2 实证分析

本节主要讨论互联网使用对生育行为的影响，为保留被解释变量生育行为的二值特性，设定为如下的 Probit 模型：

$$Y_{it} = \alpha + \beta use_{it} + \gamma X_{it} + \varphi_t + \lambda t + \varepsilon_{it} \tag{7.1}$$

式（7.1）中，被解释变量"生育行为"为二值变量，以"当年是否有生育行为"来衡量；解释变量"互联网使用"为二值变量，以"过去一年是否经常使用互联网"来衡量；系数 i 是指个体，t 是指年份。模型中包含年份固定效应（φ_t）控制生育行为的时间趋势，以及线性时间趋势（λt）来控制无法观测的趋势因素。在控制变量中，加入性别、年龄、年龄的平方、婚姻状况等个体基本特征，以及劳动收入等个体社会经济地位特征。根据 2017 年全国人口变动情况抽样调查数据的统计，中国孕龄妇女在不同年龄段的生育状况存在巨大差异。其中，15～19 岁、20～24 岁、25～29 岁、30～34 岁、35～39 岁、40～44 岁、45～49 岁的生育率分别为 8.49‰、71.13‰、109.67‰、79.43‰、37.83‰、8.92‰和 2.21‰。中国孕龄群体生育年龄群组整体呈现"倒 U 型"特征，即高峰期发生在 25～29 岁的群组中，此后有显著下降的趋势，因此加入年龄的平方（见表 7-1）。

表 7-1 变量说明与描述性统计

变量名	含义	界定	样本量	均值	标准差	最大值	最小值
fer	生育	当年有生育行为取值为 1；否则为 0	19741	0.069	0.254	0	1
use	互联网使用	过去一年经常使用互联网取值为 1；否则为 0	19741	0.485	0.5	0	1
mar	结婚	已婚取值为 1；否则为 0	19741	0.821	0.384	0	1
gender	性别	男性取值为 1；否则为 0	19741	0.482	0.5	0	1
age	年龄	截取 15～45 岁的劳动者	19741	36.389	8.549	17	49
wage	劳动收入（万）	劳动者个人一年内的劳动收入	19741	2.233	3.485	0	80

续表

变量名	含义	界定	样本量	均值	标准差	最大值	最小值
cen	户口	农村户口取值为1；否则为0	19741	0.551	0.497	0	1
edu	受教育程度	小学及以下=6；初中=9；高中=12；大专及本科=16；研究生=19	19741	10.586	3.618	6	19
cpc	中共党员	中共党员取值为1；否则为0	19683	0.092	0.289	0	1
rel	宗教信仰	有宗教信仰取值为1；否则为0	13958	0.112	0.315	0	1
health	身体状况	比较健康和健康取值为1；否则为0	16972	0.729	0.445	0	1
insur	保险	有医疗保险取值为1；否则为0	16886	0.868	0.339	0	1
willing	生育意愿	如果没有政策限制，是否愿意生2个及以上	19741	0.911	0.284	0	1
inc	年总收入（万）	劳动者个人一年内的总收入	18954	2.494	3.912	0	100
houinc	家庭总收入（万）	家庭一年内的总收入	18323	5.601	9.049	0	500
car	私家车	拥有私家车取值为1；否则为0	16964	0.178	0.383	0	1
hou	住房	房子产权归自己所有为1；否则为0	16951	0.437	0.496	0	1
cla	家庭经济地位	家庭所在地平均水平及以上取值为1；否则为0	19690	0.635	0.481	0	1
webrate	互联网普及率	该省某年份的互联网普及率	19741	41.654	13.815	19.8	75.2

从图 7-2 可见，总体而言，不同年龄段使用互联网的孕龄群体生育率都要低于不使用互联网的孕龄群体。表 7-2 报告了 Probit 模型的估计结果。结果显示，互联网使用与生育率负相关，使用互联网比不使用互联网的孕龄群体生育率低 1.1%。《中国宽带普及状况报告》（2018 年第四季度）指出，从各地的宽带发展普及状况看，在固定宽带家庭普及率方面，江苏省最高，达到 112.4%，浙江、福建、广东三个省也超过了 100%。在移动宽带用户普及率方面，北京市达到 150.8%，远远超过其他地区，超过 100% 的还有上海市（126.5%）、广东省（124.1%）、浙江省（117.0%）和宁夏回族自治区（100.2%）。加入省份特征和地区特征后发现，使用互联网与孕龄群体的生育率依然负相关，且西部地区与东部地区的个体生育率具有显著差异。然而，互联网使用与生育行为之间可能存在内生性。一方面，存在遗漏变量同时影响互联网使用和生育决策，如无法观测的个体偏好；另一方面，生育行为挤占了互联网使用的时间或者改变了互联网使用的意愿，存在反向因果问题，因此需要进一步对内生性问题进行研究。借鉴毛宇飞等（2018）的设定，本节根据地区互联网基础设施水平构造"互联网区域普及率"作为工具变量，不同省份的互联网普及率会对该省份内部个体的互联网使用可能性或者使用习惯产生影响，但对个体的生育行为不会产生直接影响。IV-probit 回归结果表明，互联网使用的确对生育率产生显著的负向影响，使用互联网比不使用互联网的孕龄群体生育率低 9.2%，加入地区特征后，使用互联网比不使用互联网的孕龄群体生育率低 6.9%。由于生育率的变动直接表现为女性的生育决策，因此只

表7-2 互联网使用对生育率的影响结果

	全样本					17~24岁	20~24岁	25~49岁	女性样本	已婚样本	已婚女性样本
	Probit	Probit	Probit	IV-probit	IV-probit	IV-probit	IV-probit	IV-probit	IV-probit	IV-probit	IV-probit
use	-0.117***	-0.069**	-0.077**	-0.722***	-0.566*	-2.672***	-2.765***	-0.624***	-0.679***	-0.566***	-0.547***
	(0.033)	(0.035)	(0.034)	(0.136)	(0.291)	(0.171)	(0.158)	(0.137)	(0.192)	(0.132)	(0.183)
gender	0.030	0.022	0.022	0.049	0.043	0.023	0.026	0.059*		0.076*	
	(0.031)	(0.031)	(0.031)	(0.030)	(0.032)	(0.057)	(0.060)	(0.032)		(0.031)	
mar	1.871***	1.878***	1.869***	1.733***	1.782***	0.192	0.155	1.121***	1.648***		
	(0.110)	(0.111)	(0.110)	(0.118)	(0.132)	(0.259)	(0.248)	(0.107)	(0.153)		
age	-0.268***	-0.267***	-0.267***	-0.272***	-0.273***	0.966***	0.443	-0.429***	-0.317***	-0.346***	-0.377***
	(0.021)	(0.021)	(0.021)	(0.020)	(0.020)	(0.381)	(0.794)	(0.025)	(0.025)	(0.019)	(0.025)
age2	0.003***	0.003***	0.003***	0.002***	0.002***	-0.022***	-0.010	0.004***	0.003***	0.003***	0.004***
	(0.000)	(0.000)	(0.000)	(0.000)	(0.000)	(0.008)	(0.017)	(0.000)	(0.000)	(0.000)	(0.000)
wage	-0.011*	-0.005	-0.007	0.011	0.007	0.016	0.019	0.006	0.006	0.008	0.002
	(0.006)	(0.006)	(0.006)	(0.007)	(0.010)	(0.017)	(0.017)	(0.007)	(0.018)	(0.007)	(0.018)
中部			0.049		-0.031						
			(0.037)		(0.061)						
西部			0.233***		0.120						
			(0.038)		(0.080)						
Constant	2.470***	2.322***	2.333***	3.129***	2.954***	-9.310***	-3.356	6.544***	3.858***	6.087***	6.520***
	(0.293)	(0.330)	(0.295)	(0.314)	(0.455)	(4.061)	(8.791)	(0.467)	(0.418)	(0.352)	(0.459)
年份特征	YES	YES	YES	YES	YES	YES	YES	YES	YES	YES	YES

续表

	全样本					17~24岁	20~24岁	25~49岁	女性样本	已婚样本	已婚女性样本
	Probit	Probit	Probit	IV–probit	IV–probit	IV–probit	IV–probit	IV–probit	IV–probit	IV–probit	IV–probit
省份特征	NO	YES	NO	NO	NO	NO	NO	NO	NO	NO	NO
Pseudo R^2	0.139	0.155	0.143								
均值边际效应(MEM)	-0.011*** (0.003)	-0.006* (0.003)	-0.007* (0.003)	-0.092*** (0.021)	-0.069* (0.041)	-0.507*** (0.103)	-0.551*** (0.106)	-0.076*** (0.019)	-0.091*** (0.030)	-0.078*** (0.021)	-0.076*** (0.028)
Wald值				879.30	881.84	1433.28	1282.63	860.19	535.85	1319.76	786.84
N	19741	19738	19741	19741	19741	2326	1853	17415	10235	16204	8709

注: *** $p<0.01$, ** $p<0.05$, * $p<0.1$, 括号中为稳健标准差。其中, 省份特征包括个体所在省份及省份当年的地区生产总值。

考虑孕龄女性样本后发现，使用互联网比不使用互联网的孕龄群体生育率低 9.1%。进一步分析发现，互联网使用对 17~24 岁和 25~49 岁的孕龄群体均产生显著的负向影响，其中，互联网使用对 17~24 岁的孕龄群体的负向影响更加明显，使用互联网比不使用互联网的 17~24 岁的孕龄群体生育率低 50.7%，使用互联网比不使用互联网的 25~49 岁的孕龄群体生育率低 7.6%。中国互联网第一代原住民出生于 20 世纪 90 年代中后期，17~24 岁的孕龄群体从出生起就有机会接触到互联网，所受影响也显著高于 25~49 岁的孕龄群体。互联网使用对已婚群体和已婚女性群体生育率的影响略低于总体样本，分别为 7.8% 和 7.6%。本节进一步对 IV-probit 回归结果进行稳健性检验（见表 7-3）。

第一，考虑更多个体特征差异性的影响。我们分别加入党员身份、健康状况等变量，表 7-3 表明，受教育程度、党员身份和健康程度对生育率具有正向影响。

第二，考虑更多经济因素的影响。首先，我们用个体年收入和家庭年总收入来替换个体劳动收入，个体的生育选择不仅受限于个体的预算约束，也可能是由家庭总体预算约束来决定。其次，我们加入个体的车辆、房产、家庭社会经济地位等特征来表示家庭财力。表 7-3 表明，拥有车辆和家庭社会经济地位较高的孕龄群体具有更高的生育率，个体年收入、家庭总收入和房产情况的差异性对生育率都没有显著影响。

第三，考虑生育意愿的影响。我们在控制变量中加入生育意愿的影响，即在无政策干预的情况下，个体希望得到的子女数量。我们根据问卷构建变量生育意愿（$willing$），以是否希望获

表 7-3 互联网使用对生育率的稳健性检验

	增加个体特征					调整经济特征						调整被解释变量		
												一孩	二孩	三孩
use	-1.358*** (0.245)	-0.719*** (0.139)	-0.705*** (0.171)	-0.791*** (0.146)	-0.724*** (0.145)	-0.706*** (0.137)	-0.724*** (0.135)	-0.706*** (0.126)	-0.743*** (0.131)	-0.669*** (0.114)	-0.663*** (0.110)	0.454*** (0.185)	-1.332*** (0.147)	-1.903*** (0.242)
gender	0.058* (0.028)	0.035 (0.030)	0.039 (0.036)	0.061* (0.032)	0.064* (0.033)	0.048 (0.030)	0.055* (0.030)	0.068* (0.031)	0.081* (0.033)	0.082** (0.034)	0.058* (0.031)	0.063 (0.041)	0.068* (0.038)	0.003 (0.063)
mar	1.613*** (0.140)	1.731*** (0.118)	1.726*** (0.141)	1.730*** (0.129)	1.748*** (0.129)	1.741*** (0.118)	1.706*** (0.117)	1.716*** (0.122)	1.735*** (0.127)	1.767*** (0.124)	1.741*** (0.115)	2.430*** (0.155)	1.116*** (0.167)	0.579*** (0.276)
age	-0.258*** (0.021)	-0.272*** (0.020)	-0.273*** (0.024)	-0.261*** (0.022)	-0.262*** (0.022)	-0.275*** (0.020)	-0.277*** (0.021)	-0.271*** (0.021)	-0.256*** (0.022)	-0.255*** (0.022)	-0.264*** (0.021)	-0.339*** (0.027)	-0.085*** (0.023)	-0.125*** (0.034)
age2	0.002*** (0.000)	0.002*** (0.000)	0.003*** (0.000)	0.002*** (0.000)	0.002*** (0.000)	0.003*** (0.000)	0.003*** (0.000)	0.003*** (0.000)	0.003*** (0.000)	0.003*** (0.000)	0.003*** (0.000)	0.003*** (0.000)	0.000 (0.000)	0.001*** (0.000)
wage	0.009 (0.006)	0.010 (0.007)	0.012 (0.009)	0.015* (0.007)	0.012* (0.007)	0.011 (0.007)						-0.010 (0.008)	0.020* (0.011)	0.045*** (0.011)
edu	0.078*** (0.017)													
cpc		0.152* (0.064)												
rel			-0.154*** (0.056)											
health				0.069* (0.038)										
insur					0.058 (0.047)									

续表

	增加个体特征					调整经济特征					调整被解释变量		
											一孩	二孩	三孩
insur	2.621*** (0.273)												
willing			0.058 (0.047)	0.206*** (0.060)									
inc					0.008 (0.006)	0.008 (0.006)							
houinc							0.008*** (0.002)						
car								0.144*** (0.055)					
hou									-0.021 (0.035)				
cla										0.123*** (0.034)			
Constant	3.129*** (0.318)	3.144*** (0.393)	2.957*** (0.331)	2.909*** (0.336)	3.015*** (0.321)	3.280*** (0.316)	3.095*** (0.307)	2.871*** (0.318)	2.792*** (0.317)	2.868*** (0.292)	2.570*** (0.447)	0.096 (0.410)	0.881 (0.750)
年份特征	YES	YES	YES	YES	YES	YES	YES	YES	YES	YES	YES	YES	YES
均值边际效应	-0.209*** (0.057)	-0.092*** (0.021)	-0.089*** (0.026)	-0.104*** (0.023)	-0.093*** (0.023)	-0.090*** (0.021)	-0.093*** (0.021)	-0.096*** (0.021)	-0.085*** (0.017)	-0.084*** (0.016)	0.029** (0.013)	-0.130*** (0.030)	-0.145* (0.081)
Wald 值	1177.03	877.77	560.98	779.85	754.43	889.42	878.93	762.16	743.58	863.67	927.16	309.29	128.41
N	19741	19683	13958	16972	16886	19741	18954	18323	16964	16951	19690	19741	19741

注：*** p<0.01，** p<0.05，* p<0.1，括号中为稳健标准差。

得两个及以上的子女来衡量。中国自 1983 年把计划生育定为一项基本国策，到 2013 年实施单独二孩政策，其间经历了 30 年的生育调控政策，是否在政策调控前生育头胎，可能会对其生育决策产生影响。同时，问卷针对希望获得男孩还是女孩有相应提问，我们希望进一步检验"男孩偏好"。石贝贝等（2017）指出，所调查育龄群体的理想子女数约 1.8 个，男孩偏好发生概率具有明显的地区、人口特征，家人想法、对生育政策知晓情况以及养老方式等变量对男孩偏好的影响显著。然而根据统计，希望有 1 个男孩和 1 个女孩的占比分别为 60.93% 和 60.21%，希望有 2 个男孩和 2 个女孩的占比分别为 4.96% 和 4.15%，希望有 3 个及以上男孩和 3 个及以上女孩的占比分别为 0.52% 和 0.58%，可以看出样本并没有显著的"男孩偏好"。表 7-3 表明，女性的生育意愿与生育率之间有显著的正向相关关系。

第四，考虑医疗保险的影响。对于孕龄群体而言，医疗保险是生育安全的重要保障，然而表 7-3 表明，是否拥有医疗保险对生育率并无显著影响。

第五，考虑孩次别的影响。对于孕龄群体而言，已有子女个数可能会对未来的生育行为产生影响。本节把生育率（fer）分别变换为一孩（$first$）、二孩（$second$）和三孩（$third$），考虑到中国 2013 年之前仍然施行严格的计划生育政策，四孩及更多子女占比较低，我们对此不单独讨论。表 7-3 表明，使用互联网对不同孩次别的生育决策产生不同的影响，使用互联网比不使用互联网的孕龄群体的一孩生育率高 2.9%，使用互联网比不使用互联网的孕龄群体的二孩生育率低 13%，使用互联网比不使用互联网的孕龄群体的三孩生育率低 14.5%；总体而言，表 7-3 表明回归结果较为稳健，使用互联网对孕龄群体的生育率具有显著的负向影响。

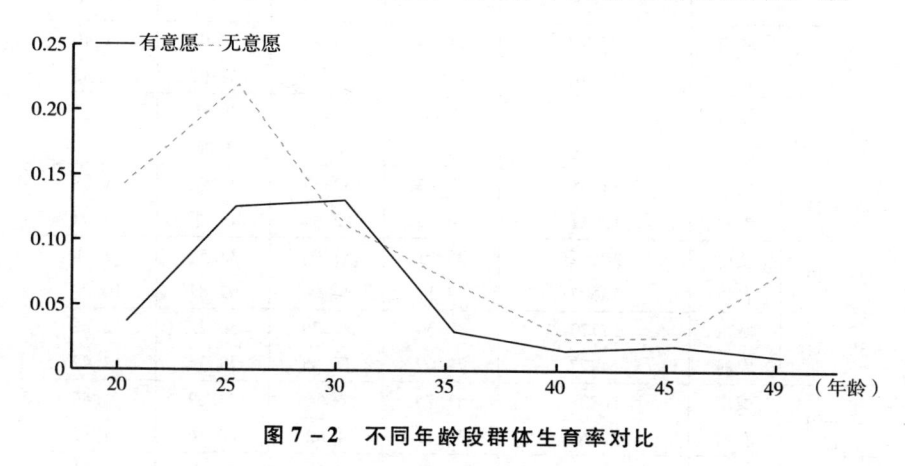

图 7-2　不同年龄段群体生育率对比

7.2.3　城乡异质性检验

目前，各省份都出台了户籍制度改革意见，二元户籍制度逐渐退出历史舞台，然而长期形成的城乡二元经济结构并不会马上打破，中国在城市人口和农村人口间仍然存在一定的差异。一方面，根据 2017 年全国人口变动情况抽样调查数据的统计，全国城市和农村孕龄女性总量和生育率相对均等，但在不同年龄段，城市和农村孕龄女性的生育率差异显著（见表 7-4）。郑真真（2014）指出，中国农村生育率在很大程度上受农村未流动妇女推迟初婚年龄的影响。另一方面，农村农业劳动者没有稳定的办公室工作环境，对于互联网的使用更多地停留在社交和游戏层面，缺乏足够的利用互联网"充电"的能力。周广肃、樊纲（2018）指出，互联网使用促进家庭创业的作用主要来源于信息渠道效应、融资效应、社会互动效应、风险偏好效应四种渠道。

表7-4 2017年城市和农村孕龄妇女的生育状况

年龄	地区	平均育龄妇女人数（人）	生育率（‰）	一孩	二孩	三孩及以上
总计	城市	112701	44.24	20.78	22.06	1.40
	农村	107865	47.90	19.00	24.02	4.88
15~19	城市	8516	3.11	2.57	0.53	—
	农村	12356	13.41	10.15	3.26	—
20~24	城市	14258	42.97	32.57	9.32	1.08
	农村	12931	96.58	62.81	30.73	3.04
25~29	城市	20802	95.01	57.05	35.57	2.40
	农村	16607	120.17	46.06	63.87	10.24
30~34	城市	17773	80.34	27.29	50.22	2.82
	农村	14977	77.07	15.88	48.76	12.42
35~39	城市	16838	41.75	6.66	33.69	1.40
	农村	13467	33.19	4.82	20.56	7.82
40~44	城市	17004	11.11	2.53	7.58	1.00
	农村	16479	6.70	1.59	3.84	1.27

资料来源：国家统计局：《中国统计年鉴2018》，中国统计出版社，2018。

然而，如果对比其他群组来看，互联网使用带有一定的技能特征，农村家庭利用互联网进行机会识别和资源获取的能力比其他群组更弱。同时，互联网使用也会影响家庭的融资行为，互联网使用显著提升了城镇家庭和农村家庭正规融资可得性，但是显著抑制了农村家庭非正规融资可得性（邱新国、冉光和，2018）。因此，中国互联网使用对生育率的影响可能会存在显著的城乡差异。考虑到流动人口虽然大多具有农村户口，但是其长期工作、生活在城市，其思维习惯和生活习惯与城市人口较为类似，我们对于户口类型变量进行调整，把农村户口、城市户口和流动人口[①]的情况

[①] 在本章中，流动人口主要是指离开户籍所在地的县、市或者市辖区，以工作、生活为目的异地居住的成年育龄人员。

进行区分。表 7-5 表明，互联网使用对城市人口（相对于农村人口）产生更加强烈的负向影响，使用互联网比不使用互联网的城市孕龄群体生育率低 13.2%，使用互联网比不使用互联网的农村孕龄群体生育率低 10.3%，互联网使用对流动人口的生育率没有显著影响。中国城乡间互联网使用可以分为两类，即生产性使用互联网和消费性使用互联网。对城市人口或者高收入群体来说，使用互联网更多的是用于提高工作便捷性、创新创业，对农村人口来说则主要以消遣为主，这是导致城乡间互联网使用对生育率产生差异性的重要原因。

7.2.4　学历异质性检验

受教育程度往往对于育龄女性的生育决策具有显著影响。一方面，受教育程度会影响女性的避孕意识和生育决策权，她们在职场上更有竞争力和进取心，往往为了职业发展而暂缓生育行为。另一方面，受教育程度的不断提升也通过延迟其在校时间而直接延迟其生育年龄。根据蒋琪等（2018）和 Billari 等的研究，互联网使用不仅对受过高等教育群体的影响相对较大，而且这种影响会直接传递到生育行为。因此，本节进一步检验不同学历群体的差异，尤其关注不同学历女性的生育行为变化。

表 7-5 表明，互联网使用对不同学历群体生育率产生不同影响，使用互联网比不使用互联网的高学历孕龄群体生育率低 26.1%，使用互联网比不使用互联网的低学历孕龄群体生育率低 13.1%，互联网使用对于高学历群体生育行为的影响更加显著。

表 7-5 城乡异质性和学历异质性的回归结果

	city	rural	immigrant	high-edu	low-edu	high-edu men	low-edu men	high-edu women	low-edu women
use	-0.873*** (0.297)	-0.937*** (0.321)	-0.485 (0.404)	-2.162*** (0.804)	-0.924*** (0.166)	-1.278 (1.294)	-1.007*** (0.245)	-3.146*** (0.685)	-0.785*** (0.243)
sex	0.047 (0.040)	0.092* (0.049)	-0.022 (0.085)	0.035 (0.064)	0.079** (0.034)				
mar	1.586*** (1.586)	1.868*** (0.222)	1.881*** (0.265)	1.987*** (0.370)	1.489*** (0.136)	2.140*** (0.382)	1.575*** (0.219)	1.485** (0.622)	1.383*** (0.176)
age	-0.316*** (0.024)	-0.204*** (0.041)	-0.051 (0.066)	0.001 (0.077)	-0.293*** (0.022)	0.108 (0.153)	-0.238*** (0.036)	-0.069 (0.071)	-0.333*** (0.028)
age2	0.003*** (0.000)	0.001*** (0.000)	0.001 (0.001)	-0.002 (0.001)	0.003*** (0.000)	-0.003 (0.002)	0.002*** (0.000)	-0.000 (0.001)	0.004*** (0.000)
wage	0.004 (0.014)	0.016* (0.009)	0.004 (0.012)	0.011 (0.007)	-0.004 (0.013)	0.003 (0.009)	0.012 (0.011)	0.027** (0.010)	-0.074** (0.036)
Constant	4.011*** (0.500)	2.313*** (0.625)	-0.478 (1.041)	0.526 (1.501)	3.717*** (0.344)	-2.164 (2.710)	2.964*** (0.560)	2.997** (1.232)	4.348*** (0.472)
年份特征	YES	YES	YES	YES	YES	YES	YES	YES	YES
均值边际效应	-0.132** (0.055)	-0.103* (0.049)	-0.062 (0.056)	-0.261* (0.133)	-0.131*** (0.031)	-0.124 (0.147)	-0.142*** (0.050)	-0.484** (0.236)	-0.110*** (0.041)
Wald 值	560.34	320.65	172.23	399.84	755.76	124.75	296.36	527.12	493.06
N	10894	8847	2565	4488	15253	2343	7163	2145	8090

注：***p<0.01，**p<0.05，*p<0.1，括号中为稳健标准差。

对男性而言,互联网使用对高学历孕龄男性没有显著影响,使用互联网比不使用互联网的低学历孕龄男性生育率低 14.2%,互联网使用对低学历男性的影响更加显著。

对女性而言,使用互联网比不使用互联网的高学历孕龄女性生育率低 48.4%,使用互联网比不使用互联网的低学历孕龄女性生育率低 11%,互联网使用对高学历女性的影响更加显著。中国高等教育扩张使得女性受教育年限提高,进而推后女性的生育年龄,这就导致女性的生育成本增加,高学历女性会通过使用互联网掌握更加全面的生育信息,进而权衡生育的机会成本和养育子女的高昂费用,这也会影响高学历孕龄女性的生育决策。

7.3 省域层面分析

作为对比,本节进一步使用省域层面的数据进行分析(见表 7-6)。被解释变量为 2010~2013 年省域出生率($birth\ rate$),解释变量为省域互联网普及率($Web\ rate$)。控制变量包括经济指标,如地区生产总值(grp)、就业率($employment$)和第三产业占比($service\ sector$);人口学特征,如人口总量($population$)和大专及以上人口占比($educaiton$)。其中,互联网普及率数据来自《中国第三产业统计年鉴》,其余数据来自 2010~2013 年历年《中国统计年鉴》《中国区域统计年鉴》《中国人口和就业统计年鉴》。根据社会网络发展和人类社会联结程度来看,2010~2013 年的中国处于以移动互联网为特征的强联结阶段(方兴东、陈帅,2019),此时也是中国生育率发生结构性转变的时期。赵梦晗（2016）指出，从平均生育年龄的变化来看，中国妇女生育年龄的快速提高主要发生在 2005 年之后，去除进度效应影响后，2007~2012 年的生育水平在 1.7~1.8。

表 7-6 宏观层面变量与描述性统计

变量名称	含义	样本量	均值	标准差	最小值	最大值
birth rate	省级层面出生率	124	11.262	2.613	5.36	15.99
Web rate	互联网普及率	124	40.951	12.844	19.8	75.2
grp	地区生产总值	124	17460.03	13749.36	507.46	62163.97
employment	地区就业率	124	343.559	554.551	15.1	5365
service sector	第三产业占比	124	40.992	9.045	28.6	76.9
population	人口规模	124	4336.548	2740.823	300	10644
educaiton	大专及以上人口占比	124	0.113	0.058	0.024	0.412

从 2005 年到 2015 年，中国网民数呈稳定的增长趋势，由于网民数的增长有一定的惯性，且增长趋势没有发生变化，我们可以合理地认为互联网产生的影响具有一定的连续性和收敛性。我们借鉴陆铭、欧海军（2011）的做法，采取滞后一期解释变量来处理内生性问题，即以前一年的互联网普及率作为解释变量来处理互联网普及率与生育率之间可能存在的反向因果问题。表 7-7 表明，互联网普及率对省域生育率有显著的负向影响，互联网普及率每提高 1 个百分点，省域生育率降低 3.1 个百分点。我们可以看出，互联网普及率对省域生育率的影响变化不大，互联网普及率每提高 1 个百分点，省域生育率降低 2.8 个百分点。

根据阿里研究院的统计，中国互联网县域电商发展指数，排名前十的地区主要集中于浙江省和福建省。邱泽奇等（2016）指出，从互联网红利中收益最多的是东南沿海地区。不仅如此，中国互联网发展的地区差异正在扩大，东西部地区信息社会指数的差值从2007年的0.125扩大到2015年的0.176。表7-7表明，互联网普及率对东部地区的生育率呈正向但不显著的影响，互联网普及率对中部和西部地区的生育率呈负向影响。互联网普及率每提高1个百分点，中部地区生育率降低16.8个百分点。互联网普及率每提高1个百分点，西部地区生育率降低5.9个百分点。可见，互联网对不同地区的影响是不同的，其中，互联网普及率对中部地区的生育率影响最显著。然而，互联网普及率产生的数字鸿沟不会无限扩大，反而会呈现一种趋近态势。根据国际经验，互联网数字鸿沟发展趋势与该地区互联网扩散率呈"倒U型"关系，即随着互联网扩散率的增长，"数字鸿沟"指数在该地区互联网扩散率的中值处达到峰值，并随后下降（张伦、祝建华，2013）。随着互联网普及率的提升，互联网使用对生育率的影响是否会发生逆转有待进一步研究。

表7-7 互联网普及率对区域生育率的回归结果

	全样本		东部	中部	西部
	面板回归	面板工具变量回归			
$web\ rate$	-0.031* (0.016)	-0.028* (0.014)	0.010 (0.039)	-0.168*** (0.053)	-0.059*** (0.019)
grp	0.000 (0.000)	0.000 (0.000)	0.000** (0.000)	0.000 (0.000)	0.000** (0.000)
$employment$	0.000 (0.000)	0.000 (0.000)	0.000 (0.001)	0.000 (0.001)	0.000 (0.000)
$population$	0.006*** (0.011)	0.006*** (0.002)	0.006 (0.003)	0.013** (0.005)	0.001 (0.004)
$educaiton$	1.844 (1.651)	1.732 (1.669)	2.140 (3.031)	3.071 (7.797)	0.806 (2.284)

续表

	全样本		东部	中部	西部
	面板回归	面板工具变量回归			
service sector	0.065 (0.043)	0.057 (0.042)	0.117 (0.117)	0.191** (0.080)	0.074 (0.053)
Constant	-16.980* (0.733)	-16.157* (8.822)	-21.607 (15.442)	-65.619** (30.471)	5.734 (13.344)
组内 R^2	0.175	0.173	0.288	0.428	0.3491
N	124	124	44	32	48

注：*** $p<0.01$，** $p<0.05$，* $p<0.1$，括号中为稳健标准差。

7.4 影响机制分析

从以上分析我们可以看出，互联网使用并没有像西方发达国家那样有效地帮助孕龄群体提高生育率，而是从宏观和微观层面降低了孕龄群体的生育率。为何会出现这种截然相反的情况？Feyrer et al.（2008）发现，伴随着经济增长，世界主要发达国家在 20 世纪 50~80 年代经历了生育率的快速下降，当经济发展到一定阶段，部分国家开始推行家庭友好型公共政策，同时，技术进步使得家庭办公成为可能，同时提高了家庭生产效率，发达国家的生育率才开始维持稳定，部分国家的生育率略有上升。因此，经济增长与生育率之间的关系是"U 型"的，经济发展初期会带来生育率下降，只有当经济发展到一定阶段，配合家庭友好型公共政策，技术进步才能起到缓解生育率下降的作用。而中国作为发展中大国，目前还处于"U 型"曲线的前半段，虽然技术进步带来劳动生产率和家庭生产率的提高，但其结果是让女性将更多时间投入到有偿劳动中,如兼职等,而挤出了生养孩子的时间。计迎春、郑真真(2018)指出,从社会性别和发展的视角审视中国的低生育率现象,可以发现女性的工作与家庭冲突是关键。具体而言,互联网使用通过影响工作与家庭的平衡来影响生育率。一方面,互联网使用提高了劳动生产率,增加家庭收入,通过收入效应提高生育率;另一方面,互联网使用降低了女性在劳动力市场的体力劣势,增加了女性的就业机会和收入,使女性生养子女的机会成本提高,通过替代效应降低生育率;此外,互联网使用使得家庭办公成为可能,通过平衡工作和家庭关系从而提高生育率。为了识别这一影响机制,本节分别加入:①劳动收入,以"劳动者的年劳动收入"来衡量;②工作时间,以"每周工作总时长"来衡量;③工作状态,以"是否有工作"来衡量;④单位类型,以"是否在企事业单位工作"来衡量;⑤雇佣状态,以"是否为自雇"来衡量。表7-7表明,互联网使用对工作时间和单位类型具有显著的负向影响,对劳动收入和雇佣状态具有显著的正向影响,互联网使用对工作状态没有显著影响。可以看出,互联网使用增加了孕龄群体自雇或者灵活就业的机会,但由于中国劳动者的人均 GDP 水平仍然低于全球平均水平[①],孕龄群体不得不把更多的灵活就业时间用于兼职或者其他类型的有偿工作当中。对于职场女性而言,互联网使用帮助她们在职场更有竞争力,通过在工作场所上网能够显著提高职场女性

---

① 国际货币基金组织预测,2018 年全球 GDP 总量或将达到 84.84 万亿美元,全球人均 GDP 将达到 1.137 万美元,中国人均 GDP 将达到 9608 美元。国际货币基金组织世界经济数据公布的 2018 年全球人均 GDP 排名中,中国位列全球第 72 位。

的工资水平（毛宇飞等，2018）。

此外，互联网使用可能通过信息传播影响个体的生育偏好。孕龄群体大多没有生养子女的经验，互联网提供了一些避孕的常识，以及成为父母后可能面临的生活状况，互联网也可以通过互动交流等方式，普及养育的成本知识，这可能会引起都市群体的"生育恐慌"，担心自己是否有足够的预算和精力生养子女。我们加入生活满意度，以"当前是否对生活比较满意"构建二值变量。表7-7表明，互联网使用对生活满意度没有显著影响。

生育选择主要包括生育数量和初婚年龄，我们把婚姻状况变量进行调整，把"初婚有配偶"的情况单独做讨论。应当注意，我们需要进一步讨论互联网是降低了生育率还是推迟了生育年龄。一般而言，信息技术进步可能会改变或者扭曲女性的生育选择，这种生育选择既有可能是让女性放弃生育行为，也有可能是延后她们生育的年龄。从1990年到2017年，中国孕龄女性的平均初婚年龄从21.4岁提高到25.7岁，平均初孕年龄从23.4岁提高到26.8岁[①]。表7-8表明，互联网使用对生育数量产生负向影响，互联网使用对初婚年龄[②]产生正向影响。

总体而言，互联网使用主要通过影响孕龄群体在劳动力市场的表现来影响生育率，互联网使用使女性能够寻找到更多兼职就业或者灵活就业岗位，增加了女性有偿劳动时间，从而挤出了生

[①] 数据来源于国家统计局。
[②] 应当指出，样本中有部分人群的初婚年龄并未到法定结婚年龄，但是已经形成事实婚姻，其中，初婚年龄在15岁到19岁之间的人群占样本总比的8.52%，这是值得关注的问题。郭志刚（2017）指出20多年来，中国低生育水平发展的主要特点是一孩生育水平不断下降，并伴随着生育旺盛期育龄妇女未婚比例的显著提高。

表7-8 互联网使用对生育率的影响机制分析

影响机制被解释变量	劳动力市场表现				生育心理	生育选择	
	劳动收入	工作时间	工作状况	单位类型	自雇	生活满意度	生育数量	初婚年龄
计量方法	GMM	GMM	IV-probit	IV-probit	IV-probit	IV-probit	GMM	2sls
use	3.023***	-15.984***	0.110	-0.636***	0.556**	0.126	-1.279***	5.205***
	(0.066)	(1.321)	(0.082)	(0.134)	(0.263)	(0.101)	(0.049)	(0.230)
均值边际效应			0.024	-0.178***	0.101**	0.039		
			(0.019)	(0.040)	(0.050)	(0.031)		
年份特征	YES	YES	YES	YES	YES	YES	YES	YES
Wald值	3438.89	502.18	2280.72	92.71	45.88	527.20	19156.79	2233.21
N	16203	14848	19741	11567	3668	19741	19741	16653

注：*** p<0.01，** p<0.05，* p<0.1，括号中为稳健标准差。其中，劳动收入以对数形式表示。

养孩子的时间,带来生育率的下降。另一方面,互联网使用提高孕龄群体的劳动生产率,帮助劳动者(尤其是女性)获得更高的收入水平,使其生育的机会成本增加,降低生育率。然而,互联网使用对女性的生育心理并没有产生直接影响,并没有通过信息传播的方式对女性造成"生育恐慌"。

7.5 小结

本章从数字经济背景下的互联网使用角度出发,研究互联网使用与生育率的关系。研究发现,互联网使用对生育率具有显著的负向影响。异质性检验进一步表明,互联网使用对城市居民(相对于农村居民)具有更加显著的负向影响;互联网使用对于高学历群体(尤其是女性群体)具有显著的负向影响,可以看出,中国互联网使用与生育率之间的关联性存在明显的"数字鸿沟"。影响机制分析表明,互联网使用主要通过影响孕龄群体在劳动力市场的表现和生育选择的方式降低孕龄群体的生育率。一方面,互联网使用降低了女性在劳动力市场的体力劣势,增加了女性的就业机会和收入,使女性生养子女的机会成本提高,通过替代效应降低生育率。另一方面,互联网使用可以影响生育子女的数量,并推迟初婚年龄。随着数字经济的发展,应当重视当前互联网快速发展对中国生育率产生的逆向选择,着力改善"数字鸿沟"带来的生育人群分化问题及其长远影响。

第一,警惕数字鸿沟带来的生育逆向选择。根据研究结论可以看出,互联网使用给城市人口和高学历人口带来强烈的负向影响，我们应当警惕互联网使用对当前城市人口和高学历人口生育意愿较低的"助推作用"。避免长期由于数字鸿沟导致的生育群体分化及由此带来的高质量劳动力供给不足问题。

第二，降低数字化门槛有利于提高一孩生育水平。从目前中国低生育水平发展的特点来看，提升一孩生育水平是关键点（郭志刚，2017）。根据研究结论可以看出，互联网使用并非对所有孕龄群体都呈负向影响，互联网使用有利于孕龄群体的一孩生育率。因此，应当降低网络接入成本和使用成本，提升低技能劳动者对于互联网的基本使用能力，大力开展互联网技能培训课程，缩小不同群体间的数字鸿沟；同时，随着收入水平的整体改善，互联网使用所产生的收入效应将会进一步促进生育率的全面改善。

第三，促进劳动力市场的性别平，有利于促使孕龄群体保持工作与家庭的平衡。从当前各国鼓励生育的政策实践来看，现金补助的方式往往收效甚微。生育率降低，甚至逐渐陷入生育危机是多种因素共同作用的结果，中国自古缺乏有利于女性参与劳动力市场的制度设计，家庭模式（主要指照料子女的家庭分工模式）相对单一，因此更应该注重劳动力市场的性别平等，通过进一步提高女性在劳动力市场上的工资收入和就业环境以帮助女性克服预算不足导致的生育逃避。

第8章 研究结论及政策建议

8.1 研究结论

20世纪90年代,随着浏览器、超文本链接和网站的出现,用户可以阅读文本,浏览小幅图像,进行基本交流。21世纪第一个十年里,宽带网络的普及使网络的个人声音更加响亮。21世纪的第二个十年里,移动互联网迅速崛起,社会已经开始由"权利个体"走向"空间个体",而国家间的"数字鸿沟"也在拉大。未来的信息技术会以什么形式出现不得而知,但是必将对就业和收入分配造成"创造性破坏"。随着互联网的发展,人类整合要素、信息交换、资源共享的能力有了进一步拓展,不仅会为人类创造更高的价值和更多的财富,也会为这个社会提供更多的就业岗位,并充分改善每个劳动者的就业质量。

第一,互联网规模加剧劳动力市场的技能结构失衡。根据我们的研究,无论是从互联网规模还是个体使用互联网的情况来看,互联网都呈现显著的技能偏向特征,对那些并不熟悉数字技术的低技能劳动力产生"逆向歧视"。具体来说,一方面,互联网使用人数每增加 100 万人，中高技能就业者的个体工资会提高 6.8%，但是上网人数对低技能就业者的影响是不显著的。另一方面，互联网对中高技能就业者产生显著影响，使用互联网的中高技能就业者比不使用互联网的就业者收入提高了 83.39%，远高于总体样本回归结果，可见互联网使用有一定的技能偏向属性，对于熟悉数字技术的就业者有利。然而，使用互联网对低技能就业者没有显著影响。

第二，互联网使用对不同技能劳动者的收入补偿效应不同。互联网作为改变社会商业模式和个体生活的重要工具，已经对个体就业产生深远影响。通过分析 2015 年中国综合社会调查数据发现，互联网使用与劳动收入之间存在显著相关性。2SLS 回归结果表明，个体有互联网使用行为可以使个体劳动收入增加 45.5%，加入就业身份、户口性质等变量后，结果依然稳健。通过技能异质性研究发现，互联网使用对低技能群体的收入补偿效应更大，互联网使用使低技能群体劳动收入显著增加 53.6%，但是对中高技能群体的影响不显著。影响机制分析表明，互联网使用通过提高总体和低技能群体的工作效率，以及降低总体和中高技能群体的工作搜寻成本的方式影响劳动收入。

第三，数字人力资本有利于提高创业者收入。使用 2014 年北京创业青年群体 1% 抽样调查数据，通过构建两个不同的互联网指标来分析互联网对青年创业者收入的影响，研究发现，其一，互联网使用时间对于创业者收入没有显著影响，而数字人力资本会对创业者收入产生正向影响。以被访者的个人情绪作为工具变量构建 IV 回归发现，拥有数字人力资本使得创业月收入提高了 32.95%。其二，根据技能水平分组研究发现，无论是低技能创业者还是高技能创业者，互联网使用时间对于创业者收入的影响依然不显著。数字人力资本对于中高技能创业者的影响则是显著的，即拥有数字人力资本的中高技能创业者的月收入提高 13.28%。因此，是否拥有足够的紧跟信息时代步伐的互联网使用和深挖技能，将会加剧创业者的群体分化和个人收入差距。同时，数字人力资本也提升了社会总体互联网红利，加快数字化改革和产业结构升级迫在眉睫。

第四，互联网使用引致的生育率偏低将影响劳动力市场的长期供给。从数字经济背景下的互联网使用角度出发，研究互联网使用与生育率的关系，发现互联网使用对生育率具有显著的负向影响。异质性检验进一步表明，互联网使用对城市居民（相对于农村居民）具有更加显著的负向影响；互联网使用对于高学历群体（尤其是女性群体）具有显著的负向影响，可以看出，中国互联网使用与生育率之间的关联性存在明显的"数字鸿沟"。影响机制分析表明，互联网使用主要通过影响孕龄群体在劳动力市场的表现和生育选择的方式降低孕龄群体的生育率。

8.2 政策建议

政府对于互联网与就业市场的作用机制可以分为供给侧政策和需求侧政策两类。其中，供给侧政策包括水平补贴、转向补贴、保护主义措施、金融措施、技术获取政策等改善互联网技术供给的措施；需求侧政策包括技术应用补贴、信息扩散政策、新型平台等改善就业市场半径的措施。基于研究结论,我们提出相应的政策建议。

8.2.1 降低数字化门槛以鼓励新就业发展

由于我国的区域发展不平衡,劳动者受教育水平和互联网使用能力差异巨大,我国应当在国家层面降低数字化门槛,提升低技能劳动者对于互联网的基本使用能力,开展大量的互联网技能培训课程,降低区域间和群体间的"数字鸿沟"。不仅如此,普及互联网使用对于改善低技能群体和农村低收入群体的收入水平具有显著作用,普及互联网使用应当成为"就业扶贫"政策的组成部分。长期来看,"数字技能"的严重不足将会成为当前脱贫人口再次返贫的重要原因,普及互联网使用能力对于长效减贫将会起到重要作用。同时,随着新经济和新就业的迅猛发展,新的劳动保护法律亟待出台,新型劳动关系有待确立。但在新的法律法规和政策文件的干预过程中要警惕政府对市场经济的过度干预。以网约车为例,北京市、上海市等地方政府先后出台的"京籍京车""沪籍沪车"等政策与国家的"共享经济"政策明显违背,这种情况不利于国家数字化战略的发展。因此,政府应减少直接干预行为,减少"政出多门"的政策困扰,警惕政策的过度干预和灵活就业形势逆转。在新经济发展中,政府应当扮演更重要的角色,减少直接干预,侧重于为市场提供必要的政策与制度条件。

8.2.2 深挖互联网人口红利以提升就业率

虽然我国拥有全世界最多的互联网用户,但是我国的非互联网用户基数众多，政府应当警惕我国在收入分配差距较大的同时，形成新的"数字红利鸿沟"，降低人群的阶层流动性。国际数字鸿沟最终的经济产出取决于 ICT 投资与经济增长的累积关系和技术落后国家的知识吸收能力。因此，政府应当增加互联网的普及率，进一步改善互联网的普及质量。减少货币政策，增加财政政策，是全球绝大部分国家现阶段的政策选择。政府应当把劳动力转移和增加非农就业作为劳动力市场响应经济下行的有效手段，创造更多的灵活就业空间。以农民工为例，现阶段农民工数量下降，很重要的原因是农业补贴和"农民"身份的边际收益提升。因此，增加互联网投入则是提升我国就业数量的有效手段。不仅如此，互联网发展对于创业者是利好的，应当深挖互联网人口红利，提高现有人群的互联网意识，通过互联网发展寻找新的就业增长点。互联网的发展为创业者提供了新型创业空间，而移动互联网的发展将进一步加大这种趋势。以微信为例，微信从手机端的即时聊天工具已经逐渐发展成为包括移动支付、小程序、社交等在内的移动交互平台，在互联网创新上引领了时代潮流，甚至出现 KFC（kaobei from China），这种创新模式必然扩大创业者的发展空间。公民数字人力资本的提升并非简单的"数字扫盲"，而是通过培养劳动者深入学习和使用互联网来提高个体收入，从而提高个体技能的重要手段。

8.2.3　扩大高等教育规模以提升劳动力技能

研究发现，互联网规模和互联网使用为高技能劳动者提供丰富的就业机会和灵活的就业选择，并在一定程度上影响了低技能劳动者的就业空间。互联网加剧了不同技能劳动者间的结构性失衡，随着互联网规模的扩大、个体互联网使用和数字人力资本的提高，中高技能劳动者在劳动力市场上获得更高的收益，而互联网的发展对于低技能劳动者的工资提高影响并不显著。考虑到低技能劳动者更可能被技术偏向型的互联网所替代，无论是对于没有进入劳动力市场的低学历潜在就业者还是低技能劳动者来说，互联网时代的劳动力格局并不利于他们的就业前景。因此，随着出生人口进一步缩减，"老龄化"增速发展，只有进一步扩大高等教育规模，才能改善劳动力市场的人才技能结构，为"中国制造2025"和高端服务业的转型提供足够的人才需求。同时，随着技术进步速度的加快和互联网普及程度的提升，我国高等教育应当更加重视培养创新能力，在提升技能教育的同时，培育更多具有创新精神的高等本科教育人才和具有工匠精神的高等职业教育人才，把"创新能力"作为改善劳动力市场技能人才结构的重中之重。

8.2.4 借力互联网以搭建更好的就业信息平台

政府应当利用互联网搭建更好的就业信息平台，把数字技能纳入就业培训体系。未来能够深入掌握互联网使用能力和培养数字人力资本，将会是影响不同技能劳动者收入的重要因素。因此，应当把互联网使用能力作为一项单独指标纳入就业培训体系当中。同时，我们应当看到大数据在劳动力市场研究中的应用潜力。政府应当加强与商业公司的合作，建立良好的动态就业监测体系。政府可以通过大数据的使用，建立动态的就业指数，如中国就业研究所的"劳动力市场景气指数"[①]、中国劳动力市场研究中心的"就业价格指数"[②] 等，降低就业者和雇佣方的搜寻成本和匹配成本，并发布实时的失业监测数据。

8.2.5　警惕数字鸿沟带来的生育逆向选择

互联网使用对劳动力市场的影响不仅是直接的，也是长远的。其一，政府应当警惕数字鸿沟带来的生育逆向选择。互联网使用对城市人口和高学历人口都带来更加强烈的负面影响，我们应当警惕互联网使用对当前城市人口和高学历人口生育意愿较低的"助推作用"。避免长期由于数字鸿沟导致的生育群体分化及由此带来的高质量劳动力供给不足问题。其二，降低数字化门槛有利于提高一孩生育水平。从目前中国低生育水平发展的特点来看，提升一孩生育水平是关键点（郭志刚，2017）。根据研究结论可以看出，互联网使用并非对所有孕龄群体都呈负向影响，互联网使用有利于孕龄群体的一孩生育率。因此，应当降低网络接入成本和使用成本，提升低技能劳动者对于互联网的基本使用能力，大力开展互联网技能培训课程，缩小不同群体间的数字鸿沟；同时，随着收入水平的整体改善，互联网使用所产生的收入效应将会进一步促进生育率的全面改善。其三，促进劳动力市场

---

① 由中国人民大学中国就业研究所和智联招聘共同发布，基于智联招聘上注册的求职人数、发布的岗位空缺数量，以求职申请人数与招聘需求人数的比值作为衡量标准来评估就业供求匹配程度。
② 由北京师范大学中国劳动力市场研究中心构建，以求职者期望工资与招聘方的期望工资的比值评估就业市场运行状况，匹配程度越高，说明市场运行状况越好，市场透明度越高。

的性别平等有利于提高孕龄群体工作与家庭的平衡。因此，更应该注重劳动力市场的性别平等，通过进一步提高女性在劳动力市场上的工资收入和就业环境以帮助女性克服预算不足导致的生育逃避。

8.3 研究不足与展望

8.3.1 研究不足

第一，技术积累与劳动力市场变革的非同步性。任何技术创新和重大技术成果的应用都需要一定的周期。互联网是研究新就业形态的重要视角，但是随着大数据、云计算、人工智能等技术的进一步完善，未来新产业和新业态会发生进一步变革，随之而来的就业将出现新的特征。因此，从更加多元和全面的视角进一步分析技术进步对就业的影响将是本章的研究方向。

第二，数字人力资本等概念的逻辑框架仍需进一步完善。学者对于数字人力资本的研究相对匮乏，随着时间的推移，普及数字应用能力、加强数字扫盲将是重要的政策方向。但是，现阶段的数据指标和微观数据仍然需要进一步开发。

第三，跨行业的实证研究数据缺失。互联网对于劳动者的冲击发生在不同技能劳动者之间，直接影响不同行业劳动者的就业前景。本书试图通过各类综合调查数据库进行跨行业的数据分析，但是由于数据质量较低和数据缺失严重而难以实现。如果对行业进行分类，可以按照不同行业对于劳动者技能的要求建立"类 ICT 行业""ICT 行业"和"其他行业"三类，按照劳动者受教育年限进行划分，研究互联网对不同行业的冲击效应。

第四，缺少对网络就业市场独特性的实证分析。由于缺乏网络就业个体样本数据，本章分析的是互联网发展对于传统劳动力市场统计口径下的就业情况，然而，我国有数千万"网络就业者"没有被纳入就业统计。互联网发展在影响传统劳动力市场的同时，的确创造了丰富的网络就业岗位，例如网店店主、天猫模特、网络主播等就业机会和庞大的产业链条，解决了大量的就业岗位。

8.3.2 研究展望

互联网技术的进步对劳动力市场的收入效应和替代效应是显著的，随着技术的快速迭代，未来的就业形态将会更加多元化。就业形态与经济社会发展密切联系，与劳动者福利息息相关，又受到劳动力市场和劳动者自身条件的制约。

首先，产业结构的调整升级对就业形态的技能属性有更高要求。

其一，我国对高端服务业和制造业的人才需求旺盛。在过去半个世纪以来，发展中国家总体处于全球产业链的中低端，在世界分工格局中处于弱势地位，劳动者劳动技能低下，只能从事低技术产品制造或提供低端服务。在经历了40年的经济快速发展后，我国经济逐渐走向了新的道路：放缓经济增长，优化经济布局，升级产业结构，走向创新强国。2015年提出"中国制造2025"的系列文件后，我国对于新型制造业有了系统的政策目标和理论支撑，并提出"创新驱动、质量为先、绿色发展、结构优化、人才为本"的基本方针，打造服务型制造业，在此背景下，制造业的复苏与新需求对于人才需求将会提出更高要求。其中，新一代信息技术产业、高档数控机床和机器人、航空航天装备等重点制造业领域是未来培养制造业高技能人才的重地。根据世界经济论坛的预测，2020年到来之前，人工智能、机器人、纳米技术等新技术将替代全球将近500万个就业岗位。随着制造业的重新崛起，制造业等行业将更加重视提供技术服务，并向第三产业靠拢。我国现阶段的人力资本强度较高的行业主要是文化、体育和娱乐业、科学研究和技术服务业、卫生和社会就业、教育等行业，而西方国家主要是教育、居民服务、修理和其他服务业等行业。中国经济结构转型升级，中国的服务业占比将会显著提高，并且从低端服务业走向高端服务业。未来无论是制造业还是服务业，都将会吸纳更多高技能人才。

其二，产业结构的升级催生高端专业技术类新职业。近几年，随着我国人工智能、物联网、大数据和云计算的广泛运用，与此相关的高新技术产业成为我国经济新的增长点，对从业人员的需求大幅增长，形成相对稳定的从业人群。人工智能工程技术人员、物联网工程技术人员、大数据工程技术人员和云计算工程技术人员4个专业技术类新职业应运而生。这些新职业属高新技术产业，以较高的专业技术知识和能力为支撑，从业人员普遍具有较高学历。

其三，科技提升引发传统职业变迁。随着新兴技术的采用，传统的第一、第二产业越来越智能化。工业机器人的大量使用，对工业机器人系统操作员和系统运维员的需求剧增，使其成为现代工业生产一线的新兴职业。2019年人社部办公厅颁布一批国家职业技能标准,涉及39个职业,其中23个国家职业技能标准由人社部会同有关部门联合颁布,劳动关系协调员等16个国家职业技能标准由人社部办公厅单独颁布。

其次,技术进步促使就业形态向智能化方向发展。历史上,人类经历了三次大型工业革命,伴随着技术的更新换代,普通劳动者的就业岗位渐次被机器人替代,蓝领工人的就业市场被机器"镂空"。但是随着互联网和人工智能的进一步发展,尤其是"奇点"的加速来临,不仅蓝领工人受到冲击,整个劳动力市场都面临一场残酷的人类与机器的竞赛。Deming(2013)指出,随着机器的功能日益强大,人类的就业发生了显著分化。1980~2012年最稳健的就业是那些充分结合数学能力和社交能力的就业岗位。同时,那些依靠单一技能的就业人群面临的风险最大,如机器操作和保洁等岗位都在衰减。赫拉利(2017)指出,在价值层面,个体人力资本价值最大化的假设已经逐渐丧失价值,较高的个体价值对于未来社会并不一定有益,随着算法的升级,未来人工智能只要在特定行业的特定能力上超过人类就足以摧毁人类的就业。随着人工智能的出现,技术的进步已经演化出完全不同于过去的路径和趋势。如果按照人类的能力进行分类,人类的技能包括身体能力、认知能力和配置能力。随着人工智能的发展,未来的低端技能型劳动力将被全面的人工智能变革所替代。其次,人类的认知能力有显著的局限性,人类需要依靠经验积累形成的"专业型人力资本"在未来会轻而易举地被机器打败。

再次,人类的配置能力将受到严重挑战。未来,"智能+"

对就业形态的重塑作用将会凸显。

总体而言，我国就业形态的总体变革脚步将会放缓，并向智能化的发展方向快速推进。在未来一段时间，就业形态变化受劳动者个体选择的影响程度降低，受到技术进步冲击的影响程度增加。我们根据国家相关主管部门的文件和不同学者对就业形态变化的分析，可以总结出八大特征，包括：（1）就业平台化：平台就业替代固定办公场所；（2）就业智能化：人工智能替代常规就业；（3）就业品质化：就业质量影响就业方式的选择；（4）工时缩短化：就业和闲暇关系发展转变；（5）工资灵活化：计时工资和计件工资的新变化；（6）外包普遍化：团队替代单位成为趋势；（7）兼职常态化：斜杠青年占比增加；（8）保障社会化：社会保障缴纳从单位到社会的转变。

总之，从现有商业发展和技术演进路径可以判断，"人工智能与就业"将是未来互联网与就业的最新方向，例如是否应当向机器收税等问题。原因如下：第一，互联网对于就业的冲击效应与替代效应并存，并且只是改变了现有的就业格局。人工智能的出现有两个重要特征，即工作克隆性（完全替代现有工作智能）和边际成本递降性（使用成本呈几何趋势降低），未来将会出现大量的"无用阶层"。第二，互联网对于就业的影响是通过人力资本提升和就业格局变化对就业产生间接影响，而人工智能则可以跨越人类感性与理性的界限，在知识获取能力和方式上远超人类。

参考文献

蔡昉、Richard Freeman、Adrian Wood:《中国就业政策的国际视角》,《劳动经济研究》2014年第5期。

陈鹏、刘保平:《内创业人力资源管理文献述评》,《经营管理者》2015年第2期。

陈玉宇、吴玉立:《信息化对劳动力市场的影响:个人电脑使用回报率的估计》,《经济学(季刊)》2008年第4期。

陈云松:《互联网使用是否扩大非制度化政治参与——基于CGSS2006的工具变量分析》,《社会》2013年第5期。

陈福平:《技术vs社会——社会网络使用的跨国数据分析》,《社会学研究》2013年第6期。

程名望、张家平:《互联网普及与城乡收入差距:理论与实证》,《中国农村经济》2019年第2期。

Christian Fuchs、陈婉琳、黄炎宁:《信息资本主义及互联网的劳工》,《新闻大学》2014年第5期。

丹·艾瑞里:《怪诞行为学》,中信出版社,2017。

邓道才、唐凯旋:《信贷排斥、家庭资本与农民创业选择》,

《湖南农业大学学报（社会科学版）》2015年第2期。

丁华军：《信息化对我国劳动就业的影响分析》，《经济研究导刊》2007年第8期。

恩格斯：《英国工人阶级状况》，《马克思恩格斯全集》（第二卷），北京人民出版社，1957。

范金桥：《互联网络技术项目投资风险与成功概率研究预测》，《时代金融》2011年第4期。

方福前、祝灵敏：《人口结构、人力资本结构与经济增长》，《经济理论与经济管理》2013年第8期。

方兴东、陈帅：《中国互联网25年》，《现代传播》（中国传媒大学学报）2019年第4期。

高梦滔、颜明、毕岚岚：《计算机使用对青年人工资率的影响：来自云南的经验证据》，《中国人口科学》2009年第1期。

郭志刚：《中国低生育进程的主要特征——2015年1%人口抽样调查结果的启示》，《中国人口科学》2017年第4期。

葛玉好、曾湘泉：《市场歧视对城镇地区性别工资差距的影响》，《经济研究》2011年第6期。

辜胜阻、李睿：《以互联网创业引领新型城镇化》，《中国软科学》2016年第1期。

侯艳辉、郝敏：《基于Dematel的数字鸿沟影响因素辨识》，《统计与决策》2013年第14期。

胡鞍钢、王蔚、周绍杰、鲁钰锋：《中国开创"新经济"——从缩小"数字鸿沟"到收获"数字红利"》，《国家行政学院学报》2016年第3期。

胡鞍钢、周绍杰：《新的全球贫富差距：日益扩大的"数字鸿沟"》，《中国社会科学》2002年第3期。

韩先锋、宋文飞、李勃昕：《互联网能成为中国区域创新效率提升的新动能吗》，《中国工业经济》2019年第7期。

金春枝、李伦：《我国互联网数字鸿沟空间分异格局研究》，《经济地理》2016年第8期。

江永红、张彬、郝楠：《产业结构升级是否引致劳动力"极化"现象》，《经济学家》2016年第3期。

蒋琪、王标悦、张辉、岳爱：《互联网使用对中国居民个人收入的影响——基于CFPS面板数据的经验研究》，《劳动经济研究》2018年第5期。

靳永爱：《低生育率陷阱：理论、事实与启示》，《人口研究》2014年第1期。

计迎春、郑真真：《社会性别和发展视角下的中国低生育率》，《中国社会科学》2018年第8期。

克劳斯·施瓦布：《第四次工业革命》，中信出版集团，2016。

克劳迪娅·戈尔丁、劳伦斯·凯兹：《教育和技术的竞赛》，商务印书馆，2015。

赖德胜主编《2014中国劳动力市场发展报告》，北京师范大学出版社，2014。

赖德胜、李飚：《高等教育改革与大学生就业》，《高等教育评论》2015年第1期。

李飚：《互联网与创业——基于北京市青年创业数据的实证

研究》,《经济与管理研究》2018 年第 5 期。

李立威、景峰:《互联网扩散与经济增长的关系研究——基于我国 31 个省份面板数据的实证检验》,《北京工商大学学报》(社会科学版) 2013 年第 5 期。

李实、朱梦冰:《中国经济转型 40 年中居民收入差距的变动》,《管理世界》2018 年第 12 期。

李晓敏:《互联网普及对离婚率的影响》,《中国人口科学》2014 年第 3 期。

刘树成、李实:《对美国"新经济"的考察与研究》,《经济研究》2000 年第 8 期。

刘骏、薛伟贤:《中国城乡数字鸿沟的测度》,《统计与决策》2014 年第 14 期。

刘芸:《基于经济视角的国际数字鸿沟研究》,厦门大学博士论文,2006。

刘晓倩、韩青:《农村居民互联网使用对收入的影响及其机理——基于中国家庭追踪调查(CFPS)数据》,《农业技术经济》2018 年第 9 期。

林毅夫:《潮涌现象与发展中国家宏观经济理论的重新构建》,《经济研究》2007 年第 1 期。

陆铭、欧海军:《高增长与低就业:政府干预与就业弹性的经验研究》,《世界经济》2011 年第 12 期。

陆铭、高虹、佐藤宏:《城市规模与包容性就业》,《中国社会科学》2012 年第 10 期。

罗伯特·E. 利坦、爱丽斯·M. 瑞夫林:《互联网革命:推动经济增长的强劲引擎》，中国人民大学出版社，2011。

毛毅、冯根福：《人口结构转变、家庭教育投资与中国经济增长》，《西安交通大学学报（社会科学版）》2015 年第 7 期。

毛宇飞、曾湘泉、胡文馨：《互联网使用能否减小性别工资差距？——基于 CFPS 数据的经验分析》，《财经研究》2018 年第 7 期。

毛宇飞、曾湘泉：《互联网使用是否促进了女性就业——基于 CGSS 数据的经验分析》，《经济学动态》2017 年第 6 期。

庞红卫：《信息技术与新的教育不公平——"数字鸿沟"的出现与应对》，《教育理论与实践》2015 年第 10 期。

彭兰：《"连接"的演进——互联网进化的基本逻辑》，《国际新闻界》2013 年第 12 期。

彭婷：《"新数字鸿沟"下城乡教育实质公平问题探究》，《教育理论与实践》2015 年第 28 期。

裴长洪：《我国新经济相关部门的现状与发展》，《中国工业经济》2001 年第 3 期。

邱泽奇、张树沁、刘世定：《从数字鸿沟到红利差异——互联网资本的视角》，《中国社会科学》2016 年第 10 期。

邱新国、冉光和：《互联网使用与家庭融资行为研究——基于中国家庭动态跟踪调查数据的实证分析》，《当代财经》2018 年第 11 期。

石贝贝、唐代盛、候蔺：《中国人口生育意愿与男孩偏好研究》，《人口学刊》2017 年第 2 期。

邵敏、刘重力：《出口贸易、技术进步的偏向性与我国工资不平等》，《经济评论》2010年第4期。

苏惠香：《中国信息技术发展路径及对就业的影响》，《东北财经大学学报》2010年第3期。

孙海芳：《信息生产力的特征及意义分析》，《科学社会主义》2007年第1期。

孙中伟、张兵、王杨、牛建强：《互联网资源与我国省域经济发展的关系研究》，《地理与地理信息科学》2010年第5期。

宋冬林、王林辉、董直庆：《技能偏向型技术进步存在吗？——来自中国的经验证据》，《经济研究》2010年第5期。

陶然：《城市化、农地制度与迁移人口社会保障——一个转轨中发展的大国视角与政策选择》，《经济研究》2005年第12期。

王莹莹、童玉芬：《中国人口老龄化对劳动参与率的影响》，《首都经济贸易大学学报》2015年第1期。

王琦、赖德胜、陈建伟：《科技创新促进创业就业模式的国际比较》，《山东社会科学》2015年第3期。

王美艳：《中国城市劳动力市场上的性别工资差异》，《经济研究》2005年第12期。

王建武：《互联网使用对非制度化政治参与行为的影响》，《长春理工大学学报（社会科学版）》2015年第12期。

王文彬、吴海琳：《互联网使用及其对社会认同的影响》，《江海学刊》2014年第5期。

王琦、纪雯雯、孙政琳、马立红：《女性"第二轮班"现象真的存在吗——基于女性教育、职业和收入特征的实证研究》，

《中国劳动关系学院学报》2019 年第 1 期。

王金杰、郭树龙、张龙鹏：《互联网对企业创新绩效的影响及其机制研究——基于开放式创新的解释》，《南开经济研究》2018 年第 6 期。

王永水、朱平芳：《人力资本结构效应对中国地区经济增长的影响研究》，《南京社会科学》2016 年第 8 期。

汪建华：《互联网动员与代工工厂集体抗争》，《开放时代》2011 年第 11 期。

韦路、谢点：《全球数字鸿沟变迁及其影响因素研究——基于 1990–2010 世界宏观数据的实证分析》，《新闻与传播研究》2015 年第 9 期。

邬晓鸥、李健、韩毅、代洪波：《我国城乡数字鸿沟测度指标的构建》，《图书情报工作》2014 年第 19 期。

熊光清：《全球互联网治理中的数字鸿沟问题分析》，《国外理论动态》2016 年第 9 期。

习近平：《在网络安全和信息化工作座谈会上的讲话》，人民出版社，2016。

邢春冰：《分位回归、教育回报率与收入差距》，《统计研究》2008 年第 5 期。

解蕴慧、张一弛、高萌萌：《谁会成为创业者？》，《南京大学学报（社会科学版）》2013 年第 2 期。

韦路、谢点：《全球数字鸿沟变迁及其影响因素研究——基于 1990–2010 世界宏观数据的实证分析》，《新闻与传播研究》2015 年第 9 期。

许竹青、郑风田、陈洁：《"数字鸿沟"还是"信息红利"？信息的有效供给与农民的销售价格——一个微观角度的实证研究》，《经济学（季刊）》2013 年第 4 期。

薛伟贤、刘骏：《中国城乡数字鸿沟对城市化进程的阻尼测度研究》，《软科学》2014 年第 1 期。

薛伟贤、冯宗宪、王健庆：《中国网络经济水平测度指标体系设计》，《中国软科学》2004 年第 8 期。

谢印成、高杰：《互联网发展对中国经济增长影响的实证研究》，《经济问题》2015 年第 7 期。

杨俊、张玉利：《社会资本、创业机会与创业初期绩效理论模型的构建与相关研究命题的提出》，《外国经济与管理》2008 年第 10 期。

杨善林、周开乐等：《互联网的资源观》，《管理科学学报》2016 年第 1 期。

叶健：《"零工经济"：依靠网络打零工，也能赚些钱》，《决策探索》2015 年第 11 期。

叶仁荪、王光栋、王雷：《技术进步的就业效应与技术进步路线的选择》，《数量经济技术经济研究》2008 年第 3 期。

约翰·奈特、邓曲恒、李实：《中国的民工荒与农村剩余劳动力》，《管理世界》2011 年第 11 期。

岳昌君：《我国教育发展的省际差距比较》，《华中师范大学学报（人文社会科学版）》2008 年第 1 期。

杨蕙馨、王海兵：《中国教育收益率：1989－2011》，《南方经济》2015 年第 6 期。

姚战琪、夏杰长:《资本深化、技术进步对中国就业效应的经验分析》,《世界经济》2005 年第 1 期。

中国经济增长前沿课题组:《中国经济增长的低效率冲击与减速治理》,《经济研究》2014 年第 12 期。

张蕊:《中国网络经济发展水平测度》,《经济理论与经济管理》2001 年第 9 期。

张车伟:《人力资本回报率变化与收入差距:"马太效应"及其政策含义》,《经济研究》2006 年第 12 期。

张车伟:《中国人口与劳动问题报告 NO.19——中国人口与劳动经济 40 年:回顾与展望》,社会科学文献出版社,2018。

张伦、祝建华:《瓶颈效应还是马太效应?——数字鸿沟指数演化的跨国比较分析》,《科学与社会》2013 年第 3 期。

张玉利、杨俊、任兵:《社会资本、先前经验与创业机会》,《管理世界》2008 年第 7 期。

张保芬:《简论新经济的涵义和特征》,《山东经济》2001 年第 7 期。

张鹏、邓然、张立琨:《企业家社会资本与创业绩效关系研究》,《科研管理》2015 年第 8 期。

张博、胡金焱、范辰辰:《社会网络、信息获取与家庭创业收入——基于中国城乡差异视角的实证研究》,《经济评论》2015 年第 2 期。

郑真真:《韩国生育率变化及其影响因素对中国的启示》,《中国人口科学》2014 年第 2 期。

赵朋飞、王宏健、赵曦:《人力资本对城乡家庭创业的差异影响研究》,《人口与经济》2015 年第 3 期。

赵梦晗:《中国妇女生育推迟与近期生育水平变化》,《人口学刊》2016 年第 1 期。

赵建国、周德水:《互联网使用对大学毕业生就业工资的影响》,《中国人口科学》2019 年第 1 期。

周广肃、樊纲:《互联网使用与家庭创业选择——来自 CFPS 数据的验证》,《经济评论》2018 年第 5 期。

周广肃、梁琪:《互联网使用、市场摩擦与家庭风险金融资产投资》,《金融研究》2018 年第 1 期。

周其仁:《机会与能力——中国农村劳动力的就业和流动》,《管理世界》1997 年第 5 期。

周冬:《互联网覆盖驱动农村就业的效果研究》,《世界经济文汇》2016 年第 3 期。

Acemoglu, D. "Why Do New Technologies Complement Skills? Directed Technical Change and Wage Inequlity", *The Quarterly Journal of Economics*, 1998 (9): 1055 – 1089.

Alexandra, S. "Technical Change, Job Tasks, and Rising Educational Demands: Looking Outside the Wage Structure," *Journal of Labor Economics*, 2006, 24 (2): 235 – 270.

Akerman, A. Gaarder, I. Mogstad, M. "The skill complementarity of broadband Internet". *The Quarterly Journal of Economics*, 2015, 130 (4): 1781 – 1824.

Atasoy, H. "The effects of broadband internet expansion on labor market outcomes". *Industrial and Labor Relations Review*, 2013

(2): 315-345.

Bach, A. Shaffer, G. Wolfson, T. "Digital Human Capital: Developing a Framework for Understanding the Economic Impact of Digital Exclusion in Low-Income Communities". *Journal of Information Policy.* 2013 (3): 247-266.

Bellou, A. "The impact of Internet diffusion on marriage rates: Evidence from the broadband market". *Journal of Population Economics*, 2015 (2): 265-297.

Chesnais, J. "Fertility, Family and Social Policy in Contemporary Western Europe". *Population and Development Review*, 1996 (4): 729-739.

Choi, C. Yi M, H. "The effect of the internet on economic growth: Evidence from cross-country panel data". *Economics Letters*, 2009, 105 (1): 39-41.

Czernich, N. Falck, O. Kretschmer, T. Woessmann, L. "Broadband infrastructure and economic growth". *Economic Journal*, 2011, (121): 505-532.

Dettling, L. J. "Broadband in the labor market: the impact of residential high-speed internet on married women's labor force participation". *Industrial and Labor Relations Review*, 2017 (2): 451-482.

Deming, D. J. "The Growing Importance of Social Skills in the Labor Market", *NBER Working Paper*, 2013, No. 21473.

Dijk, V. "The Deepening Divide". New York: Sage Publications, 2005.

Dustmann, C. Ludsteck, J. Schonberg, U. "Revisiting the German Wage Structure", *IZA Discussion Paper*, 2007, No. 2685.

Dimaggio, P. Hargittai, E. Celeste, C. Shafer, S. "Digital Inequality: From Unequal Access to Differentiated Use—A literature Review and Agenda for Research on Digital Inequality". *Social Inequality*, 2004 (6): 355 - 400.

Falck, O. Gold R. Heblich, S.. "E - lections: Voting Behavior and the Internet". *The American Economic Review*, 2014 (7): 2238 - 2265.

Feyrer, J. Sacerdote, B., and Stern, A. D. "Will the Stork Return to Europe and Japan? Understanding Fertility within Developed Nations". *Journal of Economic Perspectives*, 2008 (3): 3 - 22.

Freeman, R. B.. "The Labour Market in the New Information Economy". NBER Working Paper, 2002 No. 9254.

Forman, C. Goldfarb, A. Greenstein, S. "The Internet and local wages: A puzzle". *American Economic Review*, 2012, (102): 556 - 575.

Guldi, M. Herbst, C. M. "Offline effects of online connecting: the impact of broadband diffusion on teenfertility decisions". *Journal of Population Economics*, 2017 (1): 69 - 91.

Goss, E. P. Phillips, J. M. "How information technology affects wages: Evidence using internet usage as a proxy for IT skills". *Journal of Labor Research*, 2002 (3): 155 - 168.

Greenstein, S. McDevitt, R. C. "The Broadband Bonus: Accounting for Broadband Internet's Impact On U. S GDP", Social Science Electronic Publishing, 2009, 35 (7): 617–632.

Holman, D. "Job Types and Job Quality in Europe". *Human Relations*, 2013, 66 (4): 475–502.

Heckman, J. Rubinstein, Y. "The Importance of Noncognitive Skills: Lessons from the GED Testing Program". *American Economic Review*, 2001, 91 (2): 145–149.

Jorgenson, D. W. Ho M. S. Stiroh K. J. "A Retrospective Look at the U. S. Productivity Growth Resurgence," *Journal of Economic Perspectives*, 2008 (22): 3–24.

Kretschmer, T. "Information and Communication Technologies and Productivity Growth: A Survey of the Literature", *OECD Digital Economy Papers*, 2012, No. 195.

LucasRobert, "On the Mechanics of Economic Development," *Journal of Monetary Economics*, 1988 (22): 3–42.

Mincer, J. A. "Schooling, Experience and Earnings". Columbia: Columbia University Press, 1974.

Reshef, A. "Is technological change biased towards the unskilled in services? An empirical investigation". *Review of Economic Dynamics*, 2013, 16 (2): 312–331.

Trudeau, J. "The role of new media on teen sexual behaviors and fertility outcomes—the case of 16 and pregnant". *Southern Economic Journal*, 2016 (3): 975–1003.

后　记

　　本书是在我博士学位论文基础上扩充修改而成。博士研究的过程是个痛苦的选择过程。一次意外的机会，我开始给学生讲授管理信息系统，对于互联网技术的兴趣也渐渐浓烈起来，关注点渐渐转向互联网就业，但限于国内做此研究的人并不太多，国外的研究者往往把网络技术作为技术进步对社会推动的一项普通发明对待，并未对互联网的更深层次意义进行探讨。谈到"互联网"，就不得不谈到"创新"。随便拿起一本书，收听任何节目，我们都绕不开"创新"这个词。好像一夜之间，创新成了每个人的任务。不幸的是，历史已经证明，创新往往是"文明的副产品"，人类对于微生物、医学、电灯等基础科学和基础设施的发明，大多是偶然的，而互联网产品的新用途更是让发明者摸不着头脑。在我看来，互联网的真正价值是冲破了传统依赖于技术和资本的"中心—边缘"模式，而"共享"，或者经济学上认为的交易成本为零，才是其真正意义。因此，互联网的发展对就业的价值一定不是线性的、点对点的模式，而是深层次的、无序的链条模式。经济学的模型是典型的抽象处理问题的方式，寻找合理的变量，就像老鼠寻找迷宫出口一样，有趣但是辛苦。曾经看过一个故事，美国政府请了很多专家通过大数据寻找恐怖分子。后来请了一个保险公司的数据专家，他发现一个有趣的现象：恐怖分子都不买保险。因为美国的保险规定"如果承保人因主动参与恐怖袭击所致死亡，保险公司不予赔偿"。因此，"是否购买保险"这一变量的引入帮助美国政府成功逮捕了数百名恐怖分子，挽回经济损失数十亿美元。因此，利用合理地经济现象和经济要素解释社会问题，是经济学的一项进步。我一直在思考学者的角色是什么？以我的研究为例，互联网肯定是首先起源于实验室，是工程师的"杰作"，但是他们根本无从意识到互联网会对人类社会产生如此重大的影响。因为互联网本身并没有改变社会，而是搭载于这个平台上的各种信息、资源、方式、思想共同产生的结果。紧接着，是一大批把互联网进行商用的企业家，他们提出了对于互联网未来的构想，我们共同慢慢实现它。学者的作用只是把他们的构想进行标准化，加以证实或者证伪。那些被学者证实的部分结论得以商业推广和应用，并使民众收益。因此，学者对技术的贡献就像是"中介"，即对技术的影响加以准官方认证而已。随着"预测性零售"时代的来临，未来的零售业等服务型行业将会更多地被机器所替代。在就业领域，人和机器的战争才刚刚开始，斗智斗勇的过程将会持续。互联网的作用只是个起点，按照"经济学帝国主义"的范式论，未来会有更多的专业技术领域进入经济学家的视野，这中间影响最大并且研究最深入的一定是：人工智能。正如我在第7章的研究展望中所说，"人工智能与就业"将是未来的重要学术研究话题，这就要求经济学家具有更加广阔的研究视野,并以开放性的心态融合计算机科学、大数据等不同的学科门类。

在该书成稿之时,有太多人要一一感谢。

首先,感谢我的恩师赖德胜教授。因为导师承担学院的行政性工作,所以日常见面的次数并不算多,但是老师对我的影响是潜移默化的。赖老师有诸多好的品质,是我终生学习的楷模。赖老师身上有很深的时代烙印,是20世纪80年代进入大学的那批学生中最杰出的个体之一。赖老师是个严格自律的人,虽然公务缠身,但是老师保持了非常好的阅读和思考习惯,并且无论工作多忙,都保持锻炼身体的习惯,这种近乎苛刻的自律换来的是学界的尊重和认可。因此,跟着赖老师的学习过程是个典型的"诚意、正心"的修炼过程。

第二,感谢北京师范大学经管学院和首都教育经济研究院给我提供的良好学习氛围,感谢师公王善迈老师,他不仅是我们学科的重要创始人之一,也是我们亲切的爷爷,从他的身上我看到了一代学者的初心和与时俱进的胸怀。感谢我的硕士生导师成刚老师,如果没有成老师在我最困惑的时候为我指引方向,我就难以有机会体验博士生涯。感谢幽默的孙志军老师、睿智的袁连生老师、亲切的刘泽云老师和优雅的杨娟老师。

第三,感谢我的同门兄弟姐妹,孟大虎、李长安、田永坡、孙百才、苏丽锋、陈建伟、王强、廖娟、朱敏、王琦、纪雯雯、高春雷、韩丽丽、张爱芹、常欣扬、高曼、刘亚楠、周建亮、刘易昂,感谢你们给我学术方向上的指导和生活中的帮助,在此一并谢过。感谢我的博士学位论文匿名评审专家和论文答辩委员会成员：张车伟教授、曾湘泉教授、岳昌君教授，三位老师严谨治学的态度是我学习的榜样。感谢我的三位博士同窗好友：仇勇、林薛栋、马奔，学术生涯给我们提供的是学习和社会生活的快乐、无奈、自私和洒脱。

第四，感谢郑州大学商学院领导在出版过程中给予的关怀和经费支持。

第五，感谢我的父母和爱人。随着年龄的增长和生活的体悟，我开始慢慢理解父母的苦心和无奈。非常感谢我的父母对我坏脾气的包容、对我工作选择的支持，以及对我婚姻的祝福。他们是我最坚实的后盾，也是我选择回到家乡的最重要理由。感谢我的爱人，能够尽早和她生活在一起是我攻读博士学位的最大动力，也是她的包容让我能够安心地熬过最艰难的博士论文写作阶段。

2019年是新中国成立70周年。新中国成立70周年以来，中国创造了人类历史罕见的"增长奇迹"。从1978年到2018年，中国的国内生产总值从3671亿美元增长到90万亿美元，居世界第二位。到2017年，按照美元计算，中国人均GDP达到8826美元，城镇和农村居民收入的年均增速接近8%，中国已经成为一个中等偏上收入的国家。总体来看，在未来5~10年内，中国经济在高质量发展转型阶段，随着供给侧结构性改革深入推进，改革开放力度加大，人民生活持续改善，国民经济将会持续保持总体平稳、稳中有进态势。根据经济增速来看，联合国发布的《2019年世界经济形势与展望》报告预测，2019年和2020年世界经济均将以约3%的速度稳步增长。其中，美国经济增速预计将在 2019 年放缓至 2.5%，并在 2020 年降至 2%。欧盟经济今明两年预计将保持 2% 的增速。对比来看，中国 2018 年全年 GDP 增速为 6.6%，根据渣打银行的估计，2019 年，在政策拉动下，预计中国经济将在一季度后温和反弹，中国经济增长维持在 6.0%~6.5%。即便按照官方的保守估计，中国 2019 年的预期增速也在 6.0% 左右，远高于世界经济平均增速。根据人均 GDP 排名来看，按照国际组织的数据，1980 年中国在 148 个国家里面的排名，人均 GDP312 美元排位 130 位。2017 年中国在 232 个国家和地区中，人均 GDP 排位上升到 70 位，中国劳动者的"钱袋子"慢慢鼓起来了。从就业形势来看，就业压力巨大的事实将长期存在。2019 年的政府就业报告提出"将就业优先政策置于宏观政策层面"则进一步彰显我国政府重视就业发展的决心和信心。

谨以此书祝贺伟大祖国 70 周年华诞！祝愿祖国繁荣昌盛！

图书在版编目（CIP）数据

互联网对劳动力市场的影响 / 李飚著 . -- 北京：社会科学文献出版社，2020.4
　ISBN 978 - 7 - 5201 - 6107 - 7

Ⅰ.①互… Ⅱ.①李… Ⅲ.①互联网络 - 影响 - 劳动力市场 - 研究 - 中国 Ⅳ.①F249.212 - 39

中国版本图书馆 CIP 数据核字（2020）第 026270 号

互联网对劳动力市场的影响

著　　者 / 李　飚

出 版 人 / 谢寿光
责任编辑 / 王玉敏

出　　版 / 社会科学文献出版社·联合出版中心（010）59367153
　　　　　地址：北京市北三环中路甲 29 号院华龙大厦　邮编：100029
　　　　　网址：www.ssap.com.cn

发　　行 / 市场营销中心（010）59367081　59367083
印　　装 / 三河市尚艺印装有限公司

规　　格 / 开　本：787mm × 1092mm　1/16
　　　　　印　张：13.75　字　数：154 千字
版　　次 / 2020 年 4 月第 1 版　2020 年 4 月第 1 次印刷
书　　号 / ISBN 978 - 7 - 5201 - 6107 - 7
定　　价 / 89.00 元

本书如有印装质量问题，请与读者服务中心（010 - 59367028）联系

▲ 版权所有 翻印必究